AF143456

RIEN NE VA PLUS

Francis JOFFO

Editions ART ET COMÉDIE
3 rue de Marivaux
75002 PARIS

Cet ouvrage est réalisé avec le soutien de la SACD

S A C D
Société des
auteurs et
compositeurs
dramatiques

Cette pièce a été créée en tournée à travers toute la France.
Plus de cent représentations de septembre 2005 à juin 2006.
Avec dans les rôles principaux :
Vannik Le Poulain et Pascal Brunner
dans une mise en scène de l'auteur

NOTE DE L'AUTEUR

Ami lecteur,

Ce qui suit n'a qu'un tout petit intérêt ! Et encore, à la condition que vous ayez décidé de lire cette pièce ! Mais je suis persuadé que c'est ce que vous allez faire, autrement pourquoi seriez-vous en train de lire ce que je suis en train d'écrire !

Alors voilà ! Je voulais vous signaler que ma femme se prénomme Dominique, comme l'héroïne de cette pièce, et que son frère se prénomme Alain, comme le héros de la même pièce !

Je vous avais prévenus… Aucun intérêt ! Sauf pour moi, car c'est grâce à eux que l'idée de cette pièce m'est venue. En effet, ces deux-là s'adoraient et, pendant plusieurs années, ils partagèrent le même appartement en faisant croire à leurs conquêtes respectives qu'ils étaient mari et femme pour pouvoir s'en débarrasser plus facilement quand l'ennui s'installait.

Voilà ! Pas de quoi en faire une pièce ! Il a donc fallu que je fasse quand même travailler mon imagination pour que la fiction dépasse un peu la réalité et vous apporte, je l'espère, beaucoup de plaisir…

P.-S. : C'est le jour où elle me rencontre que, fascinée, elle me tomba dans les bras et m'épousa. Son frère, désespéré, en fit autant, ce qui mit fin à leur petit jeu.

Francis Joffo

PERSONNAGES

ALAIN DUROIS : Photographe, environ 40 ans.

DOMINIQUE DUROIS : Sa sœur, environ 35 ans

GILDA : Call-girl, environ 35 ans.

CLAIRE DE MÉTREUX : Maîtresse d'Alain, 35ans.

CHARLES DE MÉTREUX : Officier de marine, 40 ans.

MAXIM LANGLOIS : Amant de Dominique, 40 ans.

SYLVIE : Amie d'Alain, 35 ans.

DÉCOR

Au fond, une cuisine américaine sur un plan surélevé. Baie vitrée derrière. Deux ou trois tabourets placés derrière le bar, dos au public.
Au deuxième plan jardin, une porte donnant sur la chambre d'Alain.
Au deuxième plan cour, une porte donnant sur la chambre de Dominique.
Au fond jardin, amorce de couloir donnant sur d'autres pièces.
Au fond cour, la porte d'entrée dans un renfoncement qui permet à un personnage d'entrer sans être vu.
Au premier plan centre, une petite table basse avec deux petits fauteuils de chaque côté.

ACTE I

Quand le rideau se lève, la scène est vide… Musique qui s'estompe quand Alain, portant un plateau de petit déjeuner pour deux personnes, entre. Il pose le plateau sur la table et se dirige vers la chambre (deuxième plan jardin) qui est ouverte…

ALAIN - Madame est servie…

CLAIRE *(off)* **-** J'arrive…

ALAIN - Tu es sûre que tu ne veux pas le prendre au lit ?

CLAIRE *(off)* **-** Mais non ! Je t'ai dit que j'avais horreur de ça !

ALAIN - Comme tu voudras… Je t'attends… *(Il va s'asseoir.)*

CLAIRE *(off)* **-** J'arrive tout de suite…

Quelques secondes d'attente… On comprend qu'Alain s'impatiente.

ALAIN - Le café va être tiède…

CLAIRE *(off)* **-** C'est comme ça que je l'aime.

ALAIN - Pas moi…

CLAIRE *(off)* **-** Eh bien, ne m'attends pas !

Alain se sert, boit un peu de café et s'énerve…

ALAIN - Claire, tu sais l'heure qu'il est ?

CLAIRE *(off)* - Non…

ALAIN - Dix heures trente… Il est dix heures trente…

CLAIRE *(off)* - Et alors ?

ALAIN - Comment, « et alors » ? Mais ma femme va arriver ! Tu l'as oublié ?

CLAIRE - C'est pas à treize heures trente qu'elle arrive ?

ALAIN - Si, mais il faut que je me prépare pour aller la chercher à l'aéroport et avant il faut que je mette de l'ordre dans la maison… parce que tu sais… avec son flair…

Claire entre.

CLAIRE *(en désignant la chambre qui est en face, deuxième plan cour)* - Mais on n'a pas dormi dans sa chambre !

ALAIN - Ben, heureusement ! Parce que, là, j'aurais beau faire trois heures de ménage, tout de suite elle devinerait qu'une femme a dormi là ! Surtout avec ton parfum… Tiens, à propos, il faut que j'aère tout de suite… parce que… avec son flair…

CLAIRE *(en s'asseyant)* - C'est agréable !

ALAIN - Qu'est-ce que tu veux ? C'est comme ça ! Je vais faire un courant d'air… *(Il se dirige vers sa chambre.)*

CLAIRE - Eh ben, dis donc… Je me demande comment tu vas faire…

ALAIN *(off)* - Comment je vais faire quoi ?

CLAIRE - Ben, pour lui annoncer que tu veux divorcer… Tu as tellement l'air d'en avoir la trouille…

ALAIN *(revenant)* - Mais non… Pas du tout… Je n'en ai pas la trouille… Je la ménage à cause de sa dépression, mais dès qu'elle ira mieux je lui dirai tout…

CLAIRE - Tu lui diras que tu m'aimes ?

ALAIN - Mais oui…

CLAIRE - Et que c'est pour m'épouser que tu veux divorcer? Tu lui diras ça?

ALAIN - Mais oui… Je lui dirai ça!

CLAIRE - Et tu n'as pas peur qu'elle t'en fasse une autre?

ALAIN - Une autre quoi?

CLAIRE - Une autre dépression!

ALAIN - Mais non… Parce que, avant de lui annoncer ça, j'attendrai qu'elle soit complètement guérie…

CLAIRE - Et ça va prendre encore combien de temps?

ALAIN - Oh! avec toutes les pilules qu'elle prend, un mois ou deux… trois maximum…

CLAIRE - Oh là là! Qu'est-ce qu'il va être content mon frère!

ALAIN - Ton frère?

CLAIRE - Oui… Quand il va le savoir…

ALAIN - Quand il va savoir quoi?

CLAIRE - Ben, que tu veux m'épouser!

ALAIN - Attends… Attends… C'est pas encore fait. Il faut d'abord…

CLAIRE - … que tu divorces, je le sais…

ALAIN - Eh oui! Et pour ça, il faut d'abord…

CLAIRE - … que ta femme soit guérie, je le sais!

ALAIN - Eh oui!

CLAIRE - Oh! mais je serai patiente! Et mon frère aussi…

ALAIN - Excuse-moi, mais en quoi ça le regarde ton frère?

CLAIRE - Ben, il se fait beaucoup de souci pour moi… Il sait que je ne supporte pas la solitude, alors il a toujours peur que je fasse une bêtise. Et comme il n'est pas là souvent, ça l'inquiète d'autant plus…

ALAIN - Pourquoi il n'est pas là souvent ?

CLAIRE - Mais je te l'ai dit… Il est officier de marine.

ALAIN - Ah oui ! C'est vrai… Alors, il est souvent parti !

CLAIRE - Oh oui ! Souvent pendant des mois…

ALAIN - Des mois ?

CLAIRE - Eh oui ! Il est capitaine de corvette.

ALAIN - C'est quoi une corvette ?

CLAIRE - C'est un bateau de guerre à trois mâts.

ALAIN - Eh ben, dis donc, il en a de la chance d'avoir trois mâts pour lui tout seul !

CLAIRE - Mais c'est pas pour lui tout seul !

ALAIN - Mais je le sais… Je plaisante !

CLAIRE - Ah bon ! Parce que, avec toi, je ne sais jamais quand tu plaisantes…

ALAIN - Ça aussi je le sais.

CLAIRE - Quoi ?

ALAIN - Non… Rien… Ce serait trop long… Bois plutôt ton café…

CLAIRE - Il est encore trop chaud. Je vais me préparer… *(Elle se lève.)*

ALAIN - Tu as raison… Gagnons du temps… *(Le téléphone sonne.)* Tiens, c'est sûrement elle qui m'appelle avant de décoller… *(Il regarde son portable.)* Eh oui ! C'est elle !

CLAIRE - Bon, ben, je me dépêche…

ALAIN - C'est ça… Dépêche-toi! Vite!

CLAIRE *(en sortant)* **-** Tu vois que tu en as la trouille…

ALAIN *(énervé)* **-** Mais non! Oh! *(Il décroche.)* Allô! C'est toi ma chérie? (…) Comment vas-tu? (…) Ah! c'est bien! (…) Très bien… (…) Tant mieux… À quelle heure décolles-tu? (…) À neuf heures? Ah non! Ça c'est pas possible mon amour! (…) Pourquoi? Mais parce qu'il est un peu plus de dix heures trente… *(Il rit.)* Pardon? (…) Ah! tu as décollé à neuf heures! Parfait… *(Il réalise et s'affole.)* Comment ça, tu as décollé à neuf heures?! Mais alors, tu es arrivée!!! Mais pourquoi ne m'as-tu pas prévenu? Maintenant il est trop tard pour que je vienne te chercher! (…) Mais oui! (…) Bien sûr, je m'en doute que tu vas prendre un taxi! Mais avec ton état de santé, c'était quand même mieux que je vienne! (…) Ah bon! Tu es sûre? (…) Tant mieux… Tu penses être là dans combien de temps? (…) Une demi-heure! Pas avant? (…) Tu es sûre? (…) Ah! il y a la queue pour les taxis! Tant mieux… (…) Non, je dis: c'est ennuyeux… (…) Alors fais attention… N'attrape pas froid; il ne fait pas chaud ce matin… (…) C'est ça… (…) À tout de suite. Je t'embrasse… (…) Je t'aime. *(Il raccroche. Claire est apparue à la porte.)* Tu as entendu?

CLAIRE - Eh oui! Elle sera là dans une demi-heure!

ALAIN - Eh oui! Alors avale vite ton café!

CLAIRE - Mais il est encore trop chaud!

ALAIN - Oui, eh bien, je te conseille de l'avaler comme ça, parce que, si elle arrive plus tôt que prévu, c'est la cuillère qu'elle va te faire avaler et le café elle va te faire un shampooing avec!

CLAIRE - Mais tu m'as dit qu'elle était dépressive!

ALAIN - Ah oui! Complètement. Pourquoi?

CLAIRE - Ben, je ne savais pas qu'ils pouvaient être violents, les dépressifs !

ALAIN - Ah si ! Plus ils sont dépressifs, plus ils peuvent être violents…

CLAIRE - Je ne savais pas…

ALAIN - Eh bien, maintenant, tu le sais…

CLAIRE - Alors il vaut peut-être mieux que je ne traîne pas trop…

ALAIN - C'est ce que j'essaye de te faire comprendre depuis un moment… Allez, dépêche-toi…

CLAIRE - J'en ai pour une minute.

ALAIN - C'est bien… Allez, va vite…

CLAIRE - On se revoit quand ?

ALAIN - La semaine prochaine.

CLAIRE - Pas avant ?

ALAIN - Eh non ! Elle repart vendredi pour Bordeaux. Maintenant qu'elle a obtenu une promotion dans sa boîte, elle va parcourir toute la France… C'est bien, ça, pour nous, hein ?

CLAIRE - Ce qui serait encore mieux, ce serait que sa boîte elle ait des succursales au Chili ou en Argentine, tu vois…

ALAIN - Ah oui ! Ça, évidemment, ce serait le Pérou !

CLAIRE - Ah oui ! Le Pérou, ce serait bien aussi…

Claire va dans la chambre.

ALAIN - Oui, mais ne rêvons pas trop. Bon, je peux t'appeler un taxi ?

CLAIRE *(off)* - Mais oui… Vas-y… Dans deux minutes, je suis prête…

ALAIN *(en composant le numéro)* - À sa voix, j'ai senti qu'elle n'allait pas bien. Elle n'a pas dû dormir de la nuit. C'est pour ça qu'elle a décollé plus tôt que prévu. Je suis sûr qu'elle se doute de quelque chose… *(Au téléphone.)* Allô ! Bonjour… Est-ce que je peux avoir une voiture pour le 56 rue de Richelieu, s'il vous plaît ? (…) Dans dix minutes ? Parfait… (…) Une Mercedes blanche ? C'est plus que parfait… (…) Merci… *(À Claire qui sort de la chambre.)* Tu as de la chance… Une Mercedes…

CLAIRE - Tiens, ton peignoir !

ALAIN - Oh là là ! Heureusement que tu l'as vu. Tu te rends compte si je l'avais oublié ? Elle arrive, elle ne trouve pas son peignoir dans sa chambre, elle le cherche et elle le trouve dans la mienne… Comment je lui explique ça, hein ? Comment ?

CLAIRE - En lui disant la vérité…

ALAIN - Quoi ?!

CLAIRE - Eh oui ! Ça lui filerait un drôle de coup d'accélérateur, à ton divorce !

ALAIN - Tu plaisantes ? Dans l'état où elle est en ce moment, elle nous tue tous les deux !

CLAIRE - Tu ne crois pas que tu exagères un petit peu ?

ALAIN - Oh non ! Si tu savais… Parce que je ne t'ai pas tout raconté…

CLAIRE - Eh bien, vas-y… Je t'écoute…

ALAIN - Ah non ! C'est pas le moment ! Elle va arriver… Allez, sauve-toi…

CLAIRE - Mais ça ne fait pas dix minutes !

ALAIN - Oui, je sais, mais je préfère que tu attendes en bas, on ne sait jamais…

CLAIRE - Tu as raison… Ça se voit bien…

13

ALAIN - Quoi ?

CLAIRE - Que tu n'en as pas la trouille…

ALAIN - Oh ! Claire, je t'en prie…

CLAIRE - Bon, d'accord, j'y vais… Je vais en profiter pour appeler mon frère.

ALAIN - C'est ça, appelle-le. Mais surveille bien l'arrivée de ton taxi. Faut pas le rater…

CLAIRE *(riant bêtement)* - C'est pas grave… Je prendrai celui de ta femme…

ALAIN - Claire… C'est vraiment pas drôle…

CLAIRE - Ah bon ! Attends…

ALAIN - Quoi encore ?

CLAIRE - Le café… Il doit être tiède maintenant…

ALAIN - Alors avale-le, mais vite… Très vite…

CLAIRE - Ah non ! Je ne peux pas !

ALAIN - Pourquoi ?

CLAIRE - Maintenant il est trop froid !

ALAIN - Claire, tu ne veux tout de même pas que je te le fasse réchauffer ?!

CLAIRE - Mais non ! Calme-toi… Je le boirai en bas à la brasserie en face…

ALAIN - Voilà… C'est ça… Très bien…

CLAIRE - Tu m'appelles ce soir ?

ALAIN - Promis… Ce soir… Vingt heures… Comme d'habitude… *(Il lui ouvre la porte.)*

CLAIRE - Merci… Tu sais que je t'adore vraiment, toi !

ALAIN - Mais oui, je le sais ! Moi aussi je t'adore.

CLAIRE - Pas autant que moi…

ALAIN - Mais si… Mais écoute… C'est pas le moment…

CLAIRE - Tu as raison… Je me sauve…

ALAIN - Merci. Tu es gentille…

CLAIRE - Oh ! ça, je le sais que je suis gentille ! Mais parfois, je me demande si tu le mérites…

ALAIN - Claire …

CLAIRE - Ça va, ça va… J'y vais…

ALAIN - Ah ! quand même !

CLAIRE - À ce soir… Vingt heures… Tu n'oublies pas ? *(Elle l'embrasse.)*

ALAIN - Oh non !… Allez, file ! *(Il la pousse un peu et referme la porte sur elle.)*

CLAIRE - C'est fou ce que je t'adore, toi.

ALAIN - C'est ça. *(Claire sort enfin. Il regagne le centre du plateau.)* Oh là là ! Le boulet…

> *La porte de la chambre à la cour s'ouvre et Dominique apparaît. Elle observe Alain.*

ALAIN - Salut petite sœur ! Ça va, toi ?

DOMI - Non, ça ne va pas du tout, petit frère Mais où est-ce que tu l'as dégotée celle-là ?

ALAIN - Oh ! c'est toute une histoire !

DOMINIQUE - Eh bien, garde-la pour toi ! J'en ai déjà entendu des cruches, mais comme celle-là jamais !

ALAIN - Ça, je dois dire que je suis assez de ton avis !

Dominique - J'ai cru qu'elle ne partirait jamais !

Alain - Moi non plus, mais c'est un peu de ta faute…

Dominique - Quoi ?!

Alain - Mais oui ! *(Il montre le téléphone.)* Tu devais m'appeler à dix heures ! Pourquoi as-tu attendu si longtemps ?

Dominique - Je m'étais rendormie.

Alain - Ah bon !

Dominique - Normal avec la nuit que tu m'as fait passer…

Alain - Ah bon ! C'est de ma faute ?

Dominique - Ah oui !

Alain - Qu'est-ce que j'ai fait ?

Dominique - Tu m'as fait que je suis rentrée à trois heures du matin, que j'avais soif et comme tu n'avais pas pris la précaution de mettre une bouteille d'eau au frigo, j'ai regagné ma chambre avec un verre d'eau tiède et qu'à peine endormie, j'ai été réveillée par les hurlements de ta belle. Mais qu'est-ce que tu as bien pu lui faire à quatre heures du matin pour la mettre dans un état pareil ?

Alain *(ricanant)* - Ah ! ah ! ah ! Mais c'est pas moi !

Dominique - Ah bon ! Vous étiez deux ! Bravo !

Alain - Mais non ! Mais elle a la phobie des cafards…

Dominique - Des cafards ?

Alain - Oui… Et elle a cru en voir un dans la salle de bains. C'était un bout de pellicule que j'avais laissé traîner en développant mes photos.

Dominique - Mais pourquoi l'as-tu amenée ici ?

Alain - Mais parce que je croyais que tu passais la nuit chez Maxim ! Tu me l'as bien dit, hier soir, que tu passais la nuit chez Maxim !

DOMINIQUE - Oui, mais je n'ai pas pu !

ALAIN - Comment pouvais-je le savoir ?

DOMINIQUE - Mais pourquoi l'as-tu amenée ici ?

ALAIN - Mais parce que je voulais me débarrasser d'elle !

DOMINIQUE - Ah bon ! Quand tu veux te débarrasser d'une fille, tu l'amènes ici, alors qu'on a toujours dit personne ici et c'était valable aussi bien pour toi que pour moi !

ALAIN - Je le sais, mais je voulais rompre correctement. Et comme elle me tannait depuis deux mois pour connaître l'endroit où je vivais, j'ai profité du fait que tu passais la nuit chez Maxim…

DOMINIQUE - Et tu as rompu correctement ?

ALAIN - Ben non, je n'ai pas pu…

DOMINIQUE - Il m'avait bien semblé ! Tu es toujours aussi courageux, toi !

ALAIN - Si tu crois que c'est facile !

DOMINIQUE - Non, je le sais que ce n'est pas facile, mais ce n'est pas en l'amenant ici que tu pouvais la faciliter, ta rupture !

ALAIN - Ben oui, je m'en rends compte. Et pourtant il faut, et vite…

DOMINIQUE - Ah ! j'ai compris : tu en as déjà rencontré une autre !

ALAIN - Eh oui ! Et celle-là… Ah ! celle-là, tu ne peux pas savoir !

DOMINIQUE - Mais si, je sais : elle est belle, elle est douce, intelligente et cultivée… C'est bien ça ?

ALAIN - Ah oui ! C'est ça !

DOMINIQUE - Et elle a des yeux, des jambes, des seins, des mains… C'est ça ?

ALAIN - Mais oui !

DOMINIQUE - Elle est formidable, celle-là, c'est bien ça ?

ALAIN -Mais oui ! On dirait que tu la connais !!!

DOMINIQUE - Non, je ne la connais pas, mais chaque fois que tu tombes amoureux, c'est toujours ce portrait-là que tu me fais ! Et dans trois mois : terminé, tu passeras à une autre !

ALAIN - Ah non ! Cette fois, je suis sûr que c'est la bonne !

DOMINIQUE - Mais oui !

ALAIN - Mais oui, j'en suis sûr ! Et c'est tant mieux, parce que j'en ai marre de vivre dans le mensonge. Pas toi ?

DOMINIQUE - Non ! Ce mensonge que nous utilisons depuis que papa et maman nous ont laissé cet appartement avant de partir s'installer à Vaison-la-Romaine, ce mensonge nous a permis de vivre en paix et il t'a été beaucoup plus utile qu'à moi.

ALAIN - Pas tellement…

DOMINIQUE - Ah bon ! Tu veux que je les compte les filles à qui tu as fait croire pendant dix ans que tu étais marié, que ta femme était dépressive et que tu ne pouvais pas divorcer tant qu'elle n'irait pas mieux ? Je peux t'en aligner au moins deux douzaines, alors que moi on peut les compter sur les doigts d'une seule main ! Et c'est pas à Maxim que je vais dire la vérité. Surtout que je lui ai raconté hier soir que tu venais de faire ta troisième tentative de suicide tellement tu avais peur que je te quitte et qu'il fallait que je rentre d'urgence pour te surveiller parce que c'était le jour de congé de ton infirmière. Voilà ! Tu te rends compte de ce que je suis obligée d'inventer pour éviter de passer la nuit avec lui ? Et le pire, c'est que je n'ai rien à lui reprocher ! C'est pour ça que je n'arrive pas à le quitter ! Il est intelligent, généreux, gentil…

ALAIN - Mais tu t'emmerdes avec lui !

DOMINIQUE - Ça pourrait être dit d'une façon plus élégante, mais c'est la triste vérité ! Si au moins il avait un peu d'humour… Mais non ! Pas du tout ! Pas un gramme !

ALAIN - Un an sans humour, c'est long !

DOMINIQUE - C'est vrai que ça va bientôt faire un an.

ALAIN - Heureusement que tu me retrouves le soir ! Hein, petite sœur ?

DOMINIQUE - C'est terrible, mais je ne suis bien qu'avec toi.

ALAIN - Moi aussi ! Qu'avec toi !

DOMINIQUE - Pourvu que ça ne marche pas avec l'autre ! Comment elle s'appelle ?

ALAIN - Qui ça ?

DOMINIQUE - Tu sais très bien de qui je parle : de ta nouvelle conquête.

ALAIN - Ah ! Sylvie ! Si tu la voyais…

DOMINIQUE - Ça va ! Tu ne vas pas recommencer ! Tu m'inquiètes, toi !

ALAIN - Pourquoi ?

DOMINIQUE - Parce que tu as l'air plus amoureux que d'habitude.

ALAIN - Mais c'est normal ! Elle est tellement…

DOMINIQUE - Oui, bon, ça va… Qu'est-ce qu'elle fait dans la vie ?

ALAIN - Elle est avocate.

DOMINIQUE - Ah ! c'est bien, ça !

ALAIN - Ah oui ! C'est bien ! Et elle travaille avec son père qui a un très gros cabinet et elle a un très bel appartement que son père lui a offert.

DOMINIQUE - Oh ! mais, dis donc, c'est bien, ça ! Fini l'hôtel, alors ?

ALAIN - Ah oui ! Ça, fini l'hôtel, si ça marche…

19

DOMINIQUE - Si ça marche ? Ah… Parce qu'il ne s'est encore rien passé entre vous ?

ALAIN - Eh non ! Pas encore !

DOMINIQUE - Ah ! je comprends mieux pourquoi tu as l'air plus amoureux que d'habitude !

ALAIN - Mais non ! Elle est tellement…

DOMINIQUE - Oui, ça va, calme-toi ! Je suis très contente pour toi si ça marche !

ALAIN - Oh ! mais ça va marcher, je le sens ! Ça va marcher !

DOMINIQUE - Eh ben, tant mieux. Et moi, je resterai toute seule ici… Tu t'en fous, hein, de savoir que je vais rester toute seule ici !

ALAIN - Mais tu ne seras pas toute seule ! Je viendrai très souvent !

DOMINIQUE - Oui, une fois ou deux, l'après-midi, mais le soir tu ne seras jamais là… Le soir et la nuit non plus…

ALAIN - Ça, évidemment, la nuit…

DOMINIQUE - Si tu savais comme je suis bien, la nuit, sachant que tu dors dans la chambre en face ! Souvent, je viens te voir, tu sais. J'ouvre ta porte, je te regarde dormir et je repars doucement pour ne pas te réveiller. Pourquoi je t'aime à ce point-là, petit frère ? Hein ? Pourquoi ?

ALAIN - Mais moi aussi je t'aime à ce point-là, petite sœur ! Je ne suis jamais venu te regarder dormir, c'est vrai, mais je te sais là et je me sens bien.

DOMINIQUE - Et toutes les nuits où nous nous réveillons en même temps et que nous préparons une boîte de cassoulet à trois heures du matin en écoutant un concerto de Schubert…

ALAIN - La dernière fois c'était du Litz.

DOMINIQUE - Tu es sûr ?

ALAIN - Ah oui !

DOMINIQUE - Tu pourrais te retrouver tout seul dans cette cuisine à trois heures du matin et manger une boîte de cassoulet sans moi ? Tu pourrais ?

ALAIN - Ah non ! C'est vrai, je ne pourrais pas.

DOMINIQUE - Tu vois !

ALAIN - Tout seul, je me ferais une choucroute !

DOMINIQUE - Salaud !

ALAIN - Je plaisante !

DOMINIQUE - Pas tant que ça ! En tout cas, si tu t'en vas, je m'en irai aussi. Je louerai l'appartement. Je le louerai meublé, comme ça, quand ça ne marchera plus avec ta Sylvie, on pourra revenir.

ALAIN - Et si ça marche ?

DOMINIQUE - Ça ne marchera pas, je te dis. Je ne la sens pas cette fille !

ALAIN - Oh ! Domi ! Mais tu ne la connais même pas !

DOMINIQUE - Non, mais je te connais toi ! Je lui donne trois mois, pas plus ! Comme pour les autres !

ALAIN - Bon, d'accord, on verra !

DOMINIQUE - C'est tout vu... Dis donc, le jour où tu t'installeras dans son superbe appartement, il faudra bien qu'elle sache que je ne suis pas ta femme mais ta sœur...

ALAIN - Eh oui !

DOMINIQUE - Eh ben, retarde-le le plus longtemps possible ce moment-là. Attends d'être vraiment sûr.

ALAIN - Trop tard. C'est fait.

DOMINIQUE - Tu lui as dit ?

ALAIN - Eh oui !

DOMINIQUE - Tu n'as pas fait ça ?!

ALAIN - Mais si ! Je te l'ai dit tout à l'heure… J'en ai marre de vivre dans le mensonge et comme je suis sûr que cette fois-ci c'est la bonne…

DOMINIQUE - Tu es complètement fou !

ALAIN - Mais non ! La folie eut été de lui faire croire que tu étais ma femme ! Elle déteste vivre dans le mensonge, elle me l'a répété cent fois. Alors comment aurait-elle réagi en découvrant la vérité ? Parce qu'il aurait bien fallu qu'elle l'apprenne la vérité puisque je te répète que cette fois-ci c'est la bonne ! *(Dominique se lève et se dirige vers sa chambre.)* Où vas-tu ?

DOMINIQUE - Je vais partir ce soir.

ALAIN - Oh ! Domi ! C'est pas si grave ce que j'ai fait ! Allez, reste !

DOMINIQUE - Mais je ne te quitte pas, imbécile ! Enfin, pas encore… Mais j'ai promis à papa et maman que j'allais venir passer huit jours avec eux. Je n'ai rien à faire cette semaine, ça tombe bien. Et puis, il faut que je décroche de Maxim. Ça va me faire du bien un petit tour en Provence. Tu tiendras le coup huit jours sans moi ?

ALAIN - J'essaierai. Mais tu as raison : ça va te faire du bien un peu de vacances

DOMINIQUE - Ouais ! Toi tu ne penses qu'à une seule chose : à mettre ta Sylvie le plus vite possible dans ton lit…

ALAIN - Mais non !

DOMINIQUE - Mais si !… Eh bien, profite de ce que je ne serai pas là. Amène-la ici.

ALAIN - Ah bon ! Elle, tu veux bien ?

DOMINIQUE - Mais oui, si ça peut accélérer le processus !

22

ALAIN - Je t'adore, toi !

DOMINIQUE - Ben, j'espère bien. Je t'appellerai tous les jours, tu sais.

ALAIN - Moi aussi, tous les jours.

DOMINIQUE - Plusieurs fois.

ALAIN - Moi aussi, plusieurs fois.

DOMINIQUE - Oh là là ! C'est dur de se séparer, hein ?

ALAIN - Oh oui ! Surtout quand on n'est pas marié !

DOMINIQUE - Crétin !

Ils s'embrassent pendant que le rideau tombe.

MUSIQUE
NOIR

ACTE II

Quand le rideau se lève, Alain, comme au début de l'acte, est en train de préparer le petit déjeuner... Il va baisser le son du poste de radio et se dirige vers la porte de la chambre qui est entrouverte...

ALAIN - Tu veux ton petit déjeuner au lit ?

GILDA *(off)* **-** Non merci ! J'ai horreur de ça !

ALAIN - Ah bon ! Toi aussi...

GILDA *(off)* **-** Pardon ?

ALAIN - Moi aussi... J'ai dit : moi aussi...

GILDA *(off)* **-** Je préfère te rejoindre...

ALAIN - Comme tu voudras, ma belle. Je vais te chercher un peignoir... *(Il se dirige vers la chambre de Dominique.)*

GILDA *(off)* **-** Mais non... Laisse...

ALAIN - Mais si... Mais si...

Alain n'a pas le temps d'atteindre la porte de la chambre que Gilda apparaît, juste vêtue de la chemise d'Alain.

GILDA - Laisse, je te dis. Je préfère ta chemise... Je l'adore...

ALAIN - Décidément... Oh... Superbe ! Ne bouge pas... *(Il prend son appareil sur le bar.)*

25

GILDA - Encore ?

ALAIN - Ah oui ! Tu es trop belle comme ça ! *(Il la mitraille.)*

GILDA - Dis donc, celles de cette nuit, j'espère que tu vas les garder pour toi...

ALAIN - Mais oui, rassure-toi... Je suis photographe de mode, je ne fais pas dans le porno ! *(Il repose son appareil.)* Voilà... Magnifique... Assieds-toi, je t'apporte tout ça...

GILDA - Non, c'est moi... Le matin il faut que je bouge...

ALAIN - Mais non...

GILDA - Mais si... Tu l'as préparé, je le sers. Laisse-toi faire.

ALAIN - Je me suis déjà laissé faire toute la nuit...

GILDA - Tu le regrettes ?

ALAIN - Oh non ! C'était...

GILDA - ... super ?

ALAIN - Ah oui ! Ça... C'était super...

GILDA - Au prix que tu m'as payée, tu le méritais... Tu es toujours aussi généreux ?

ALAIN - Mais non ! C'était la première fois...

GILDA - Ah ! c'est très flatteur pour moi, ça ! Tu donnes combien d'habitude ?

ALAIN - Mais rien du tout ! C'est la première fois que je paye une fille...

GILDA - Ah ! c'est pour ça ! Tu ne connaissais pas les prix !

ALAIN - Mais non... Et c'était la première fois aussi que je gagnais au casino. Cinq mille euros ! Tu te rends compte ? Et c'est grâce à toi.

GILDA - Pourquoi ?

ALAIN - Mais parce que j'ai choisi la table où tu étais assise et que je ne voulais pas la quitter tant que tu restais… Tu me plaisais trop. Et plus je jouais, plus je gagnais… C'est toi qui m'as porté chance, Gilda, alors crois-moi, tu en méritais bien la moitié…

GILDA - Sylvie…

ALAIN - Quoi ?

GILDA - Appelle-moi Sylvie… C'est mon vrai prénom… Gilda, c'est pour les clients.

ALAIN *(troublé)* - Sylvie…

GILDA - Oui… Pourquoi ? Ça te gêne ?

ALAIN - Non, mais…

GILDA - Ça va, j'ai compris… Tu as une Sylvie dans ta vie ?

ALAIN - Oui… enfin… pas encore… mais…

GILDA - Mais tu préfères m'appeler Gilda…

ALAIN - Oui… enfin… si ça ne t'embêtes pas.

GILDA - Pas du tout. Va pour Gilda !

ALAIN - Je suis quand même encore ton client ?

GILDA - Ah non ! C'est fini… C'était hier soir que tu étais mon client. Mais ce matin, comme je te trouve super sympa, tu es comme un copain. Voilà… Je vais te quitter comme on quitte un copain.

ALAIN - C'est gentil…

GILDA - Et c'est rare, tu sais… Et si tu veux me revoir…

ALAIN - Ouh là ! Je ne suis pas sûr d'avoir les moyens…

GILDA - Mais ça ne te coûtera rien…

ALAIN - Pourquoi ?

GILDA - Parce que mon prix habituel, c'est même pas la moitié de ce que tu m'as donné hier… Alors, si l'envie te reprend et que je suis libre, ça te fera un tour gratuit…

ALAIN *(riant)* - Ah! ah! ah! Tu es vraiment incroyable!

GILDA - Tu sais, c'est la première fois que je vais dormir chez un client… Moi, c'est l'hôtel, rien que l'hôtel… Et si tu ne m'avais pas fait le coup du portable…

ALAIN - Ah! mais non! Ce n'était pas un coup, je t'assure… Ma batterie était vide et, si ma sœur m'avait appelé, elle se serait affolée…

GILDA - Vous ne pouvez vraiment pas vous quitter tous les deux… C'est génial!

ALAIN - Ah oui! Si tu la connaissais…

GILDA - Avec tout ce que tu m'as raconté sur elle, je suis sûre que j'en ferais une copine…

ALAIN - Ça, c'est pas sûr! Je ne crois pas qu'elle apprécierait beaucoup ce que tu fais…

GILDA - Je ne serais pas obligée de le lui dire… Et toi non plus…

ALAIN - Ah non! Ça… Ça ne serait sûrement pas moi!

GILDA - En tout cas, l'idée que vous avez eue de vous faire passer pour mari et femme, c'est vraiment une idée géniale… C'est toi qui l'as eue?

ALAIN - Non, c'est Dominique. Et il faut avouer que depuis dix ans, ça m'a été beaucoup plus utile qu'à elle.

GILDA - Elle revient quand?

ALAIN - Demain soir… Enfin, j'espère… Elle était partie pour une semaine se reposer chez nos parents et ça fait quinze jours qu'elle est là-bas. D'après ce que j'ai compris, elle a fait une très agréable rencontre : un toubib en vacances dans la région. Un toubib dans la famille, ça peut toujours servir. Ça va la changer de son Maxim! Ça fait deux ans qu'elle lui fait croire qu'elle est mariée, que j'ai déjà fait trois tentatives de suicide de peur qu'elle me quitte et que je suis gardé jour et nuit par une infirmière quand elle est obligée de s'absenter de Paris. Rien à faire ! Il ne veut pas décrocher !... Je n'aurais jamais pu tenir le coup deux ans comme ça, moi !

GILDA - Ah bon ! Toi, c'est combien ?

ALAIN - Trois mois maximum. Et les huit dernières semaines, je fatigue…

GILDA - Ah… C'est quand même bien. Moi, si je tombe amoureuse un lundi, je peine pour finir la semaine.

ALAIN *(riant)* - Ah ! ah ! ah !…Tu sais ce qui me ferait plaisir ?

GILDA - Non…

ALAIN - Ça m'ennuie de te quitter comme ça. J'aimerais bien qu'on déjeune ensemble…

GILDA - C'est vrai ?

ALAIN - Mais oui, c'est vrai… Tu veux bien ?

GILDA - J'allais te le proposer !

ALAIN - C'est vrai ?

GILDA - Mais oui… Mais à une condition : c'est moi qui paye… D'accord ?

ALAIN - Bon, d'accord… *(Son portable sonne.)* Tiens, c'est sûrement Dominique. Je vais avoir des nouvelles fraîches…

GILDA - J'en profite pour prendre ma douche.

ALAIN - C'est ça. À tout de suite. *(Gilda sort. Il prend son portable.)* Oui… (…) Ah ! c'est toi ! (…) Mais bien sûr que je suis étonné… (…) Mais… (…) Sylvie, je t'ai laissé trois messages depuis hier et tu ne m'as pas… (…) Oui… (…) Je sais bien que tu es très occupée… (…) Mais… (…) Mais si, je suis très content que tu m'appelles, tu le sais bien… (…) Aujourd'hui ? Ah… (…) Mais si… (…) Si, si, je peux… (…) Mais oui… (…) Oui… (…) Je suis libre… (…) Je passe te prendre à ton bureau, si tu veux… (…) Mais non, tu vas mettre une heure pour venir ici… (…) À l'opéra ? Ah oui… Ça, si tu es à l'opéra, tu es tout près de chez moi… (…) Mais non, ça ne m'embête pas… Je suis ravi… Tu as mon adresse ? (…) C'est ça. Je te donne le code : 63B2… Troisième gauche… Il n'y a qu'une porte… (…) Dans une demi-heure ? Je serai prêt… (…) À tout de suite. *(Il raccroche.)* Ah ! merde ! Un mois que je l'attends et il faut qu'elle débarque aujourd'hui ! *(Il se dirige vers la chambre et appelle.)* Gilda ! Gilda ! Viens vite ! *(Il commence à mettre de l'ordre.)*

GILDA *(off)* - Mais je suis trempée !

ALAIN - Ça ne fait rien… Viens, je te dis ! J'ai un petit problème…

GILDA *(off)* - J'arrive !

ALAIN - C'est pas vrai ! Mais c'est pas vrai ! Il n'y a qu'à moi que ça arrive, ça ! Mais qu'est-ce qu'elle fabrique ? *(Il appelle.)* Gilda ! Sois gentille… Dépêche-toi…

GILDA - Il y a le feu ? *(Elle entre en peignoir, les cheveux trempés.)*

ALAIN - Non, mais on ne peut plus déjeuner ensemble…

GILDA - C'est pour me dire ça que tu m'as sortie de la douche ?

ALAIN - Ben oui… parce que… on vient me chercher…

GILDA - Une dame ?

ALAIN - Eh oui !

GILDA - Elle ne s'appellerait pas Sylvie, la dame, par hasard ?

ALAIN - Eh si ! Et on ne peut jamais déjeuner ensemble… Elle est toujours débordée de travail… Et là, c'est elle qui me la proposé…

GILDA - Qu'est-ce qu'elle fait comme boulot ?

ALAIN - Elle est avocate.

GILDA - Oh! alors il ne faut pas la faire attendre!

ALAIN - Elle sera là dans une demi-heure… Je suis désolé…

GILDA - Faut pas… Faut pas… Et une demi-heure, c'est beaucoup plus qu'il ne m'en faut. Le temps de faire sécher mes cheveux et je me sauve.

ALAIN - Va chez ma sœur, il y a tout ce qu'il faut… Je t'apporte tes affaires…

GILDA - Mais si tu lui as raconté que tu étais marié, comment ça se fait qu'elle débarque chez toi celle-là?

ALAIN - Parce que celle-là, comme tu dis, je lui ai dit la vérité…

GILDA - Que tu vivais avec ta sœur?

ALAIN - Eh oui! J'en avais marre de mentir…

GILDA - Tu as fait une connerie…

ALAIN - C'est ce que m'a dit Dominique.

GILDA - C'est trop bête… J'avais vraiment envie de déjeuner avec toi…

ALAIN - Moi aussi.

GILDA - C'était la première fois…

ALAIN - … que tu déjeunais avec un client?

GILDA - Non! Que je ne m'ennuyais pas au réveil avec un client…

ALAIN - C'est gentil… Merci…

GILDA - J'ai horreur des adieux… Alors on se dit au revoir tout de suite, d'accord?

ALAIN - D'accord…

GILDA - Salut toi…

31

ALAIN - Salut toi…

Ils s'embrassent sur les joues rapidement.

GILDA - Tu ne perds pas ma carte…

ALAIN - Juré…

GILDA - On ne sait jamais…

ALAIN - Tu as raison…

GILDA - Dès que je suis prête, je file… Allez, va te préparer à recevoir ta belle… Salut! *(Elle va dans la chambre de Dominique.)*

ALAIN - Salut… Et merci… *(Il va dans sa chambre et revient avec un grand sac de voyage qu'il va déposer dans la chambre de Dominique. Il retraverse le plateau et se dirige vers sa chambre, mais on sonne à la porte.)* Oh non! C'est pas possible! Elle n'est pas déjà là!!! *(Il repart vers la chambre de Dominique qu'il ouvre.)* Gilda! Attention, ne bouge plus! C'est elle! *(Fort.)* Voilà! Une seconde!

Alain va ouvrir. Charles apparaît. Il est habillé en officier de marine.

CHARLES - Monsieur Durois?

ALAIN - Oui… Mais…

CHARLES *(entrant)* - Vous permettez?

ALAIN - Ah! mais non!

CHARLES - Mais si!

ALAIN - Mais qui êtes-vous?

CHARLES - Charles de Métreux.

ALAIN - De Métreux…

CHARLES - Oui… Le frère de Claire… Vous voyez?

ALAIN - Mais qu'est-ce que…

CHARLES - Vous l'avez oubliée ?

ALAIN - Non, c'est pas ça, mais…

CHARLES - Elle en a pourtant l'impression et moi aussi.

ALAIN - Vous ?

CHARLES - Oui… Ça fait quinze jours que vous la laissez sans nouvelles. Vous ne l'appelez plus et vous ne répondez pas à ses messages. Pourquoi ? Je vous écoute…

ALAIN - Non, mais attendez… Ça ne va pas du tout, ça… Je ne peux pas vous recevoir… J'attends quelqu'un qui va arriver d'une minute à l'autre, alors revenez demain parce que là je n'ai vraiment pas le temps…

CHARLES - Vous le prendrez…

ALAIN - Mais non ! Il n'en est pas question !

CHARLES - Et moi, je vous dis que vous le prendrez ! J'ai une permission qui se termine ce soir. Demain matin, je dois être à Toulon et il n'est pas question que je laisse Claire dans l'état où elle est… Elle me fait peur… Et je n'ai pas envie de rencontrer votre femme !

ALAIN - Ma femme ? Vous connaissez ma femme ?

CHARLES - Non, mais Claire m'en a parlé… Alors avant de monter, je me suis renseigné auprès de votre gardienne qui m'a assuré qu'elle ne rentrait que demain…

ALAIN - Vous avez parlé de ma femme avec la gardienne ?

CHARLES - Oui. Je lui ai demandé si Mme Durois était là et elle m'a assuré que non. Autrement, je ne serais pas monté pour ne pas vous mettre dans l'embarras. Vous voyez, je suis on ne peut plus correct…

ALAIN - Ah! vous trouvez! Vous débarquez ici sans prévenir et vous trouvez que vous êtes correct?

CHARLES - Je ne pouvais pas faire autrement…

ALAIN - Si, monsieur… On peut toujours faire autrement… Et d'abord, comment êtes-vous entré dans l'immeuble? Vous n'aviez pas le code!

CHARLES - Si… Claire me l'a donné…

ALAIN - Ah! mais, qu'est-ce qui m'a pris de lui donner mon code à celle-là!

CHARLES - « À celle-là »! C'est bien ce que je pensais. Vous ne voulez plus la voir?

ALAIN - Écoutez… C'est pas ça, mais…

CHARLES - Mais si, c'est ça… Pourquoi vous ne voulez plus la voir? Hein? Pourquoi?

ALAIN - Écoutez, je veux bien vous le dire mais à une condition…

CHARLES - Laquelle?

ALAIN - Revenez en fin d'après-midi. D'accord?

CHARLES - Pourquoi en fin d'après-midi?

ALAIN - Parce que je viens de vous le dire : j'attends quelqu'un et, si jamais elle vous trouve là, c'est la catastrophe… Vous comprenez?

CHARLES - Si « elle » me trouve là! C'est une femme?

ALAIN - Oui… Et c'est la femme de ma vie puisque vous voulez tout savoir. Alors vous n'allez quand même pas foutre ma vie en l'air!

CHARLES - Et celle de Claire, ça ne vous gêne pas trop de la foutre en l'air?

ALAIN - Mais je ne lui ai jamais rien promis, à Claire!

34

CHARLES - Si! De l'épouser dès que votre femme irait mieux et que vous pourriez divorcer!

ALAIN - Eh bien, elle ne va pas mieux, elle va même de plus en plus mal… Alors je dois m'occuper d'elle… Voilà…

CHARLES - Et c'est pour vous occuper d'elle que vous en attendez une autre?

ALAIN - Mais non!

CHARLES - Mais si! Vous venez de le dire : la femme de votre vie…

ALAIN - Mais c'est pas sûr…

CHARLES - Ça ne le sera même plus du tout.

ALAIN - Pourquoi?

CHARLES - Parce que je vais l'attendre et quand elle saura comment vous vous comportez avec Claire…

ALAIN - Ah non! Vous n'allez pas me faire ça!

CHARLES - Mais si!

ALAIN - Mais non!

CHARLES - Mais si! Tant pis pour vous!

La porte de la chambre de Dominique s'ouvre. Gilda apparaît. Elle est très peu vêtue : slip, soutien-gorge, chaussures à talons hauts, perruque blonde très longue, et couverte d'un léger déshabillé assez transparent… Superbe…

GILDA - Mais non!

CHARLES *(tétanisé)* **-** Ah!!! Ah!!!

ALAIN *(surpris)* **-** Mais qu'est-ce qu'il a?

GILDA - C'est un connaisseur!

CHARLES - Ah!!!

ALAIN - Oui, bon, ça va…

GILDA - Ah! quand même! Tu permets? Ça fait plaisir…

ALAIN - Mais tu l'as entendu : il veut rester ici!

GILDA - Mais non! Je vais arranger ça…

ALAIN - Alors dépêche-toi.

CHARLES - Ah!!!

ALAIN - Assez! Fais-le sortir. Il ne peut pas rester là…

GILDA - Mais oui… Calme-toi… D'abord, présente-le-moi…

ALAIN - Charles de Médeux…

CHARLES *(furieux)* - Treux… De Métreux.

ALAIN - Si vous voulez… *(À Gilda.)* C'est le frère de Claire, et il veut rester ici pour raconter ma vie à Sylvie.

GILDA *(s'approchant de Charles)* - Oh! c'est pas gentil ça! Charles, tu ne vas pas faire ça à mon petit frère, hein? Tu ne vas pas lui faire ça?

CHARLES - C'est votre…

GILDA - Mon petit frère, oui… Hein, Alain?

ALAIN - Oui, c'est mon petit frère… euh… ma petite sœur…

GILDA - Eh oui! Et il attend la femme de sa vie… Tu ne vas pas lui gâcher ça…

CHARLES - Mais…

GILDA - Tu sais ce qu'on va faire?

CHARLES - Non!

GILDA - Tu vas venir avec moi dans cette chambre le temps qu'il reçoive la femme de sa vie et après on parlera tranquillement de ton problème. D'accord, Charles?

CHARLES - Dans cette…

GILDA - Dans cette chambre, oui… Ça ne t'ennuie pas de rester seul avec moi dans cette chambre ?

CHARLES - Oh non ! Oh non ! Vous êtes tellement… *(À Alain.)* C'est fou ce qu'elle est…

ALAIN - Ah oui ! Ça elle l'est… Alors ne perdez pas de temps… Allez-y, mon vieux… Allez-y…

CHARLES - Je rêve… C'est pas possible…

GILDA - Mais si… Viens t'allonger, tu rêveras mieux.

CHARLES *(entrant dans la chambre en passant devant Gilda)* - Oh là là ! Pourvu que ce ne soit pas la caméra cachée…

On sonne à la porte.

ALAIN - Oh là là ! C'est elle ! Qu'est-ce qu'on fait ?

GILDA - Ne t'affole pas. Tu lui dis que ta sœur est rentrée tard dans la nuit, qu'elle dort encore et que tu la lui présenteras une autre fois… Tu lui fais visiter ta chambre et pendant ce temps-là je m'éclipse discrètement avec Charles ! O.K. ?

ALAIN - Géniale… Tu es géniale… Merci…

GILDA - Salut…

Elle sort on entend la voix de Charles : « Aaah ! »

ALAIN - Salut…

GILDA *(à l'attention de Charles)* - Tais-toi ! Il faut que j'écoute. *(Elle ferme la porte.)*

Alain va ouvrir la porte d'entrée.

ALAIN - Ça alors ! Si je m'attendais !… Entre… Ah là là !

SYLVIE - Qu'est-ce qu'il y a ?

ALAIN - Mais rien… Pourquoi ?

SYLVIE - Tu as l'air affolé…

ALAIN - Moi ? Mais pas du tout ! Je ne suis pas affolé… Je suis fou, c'est vrai… Mais c'est de joie… Voilà. Je suis fou de joie de te voir ici, chez moi…

SYLVIE - C'est vrai ?

ALAIN - Oh là là ! Je pense bien que c'est vrai ! … Mais entre… Mais comment as-tu fait pour arriver aussi vite et te garer dans le quartier ? On ne trouve jamais de place !

SYLVIE - J'étais en bas de chez toi et garée depuis longtemps…

ALAIN - Mais pourquoi ne me l'as-tu pas dit ?

SYLVIE - Je sais à quel point c'est désagréable d'être dérangé à l'improviste. Je voulais te laisser un peu de temps pour te préparer.

ALAIN - Eh bien, tu vois, je n'ai pas eu le temps. J'ai reçu un… un coup de téléphone… et je viens juste de raccrocher.

SYLVIE - Oh ! je suis désolée ! J'aurais dû attendre un peu plus…

ALAIN - Ah non ! Non… Je suis tellement content de te voir… Mais ne reste pas debout… Assieds-toi… Tu veux boire quelque chose ?

SYLVIE - Non, merci. *(Elle s'assied et contemple le décor.)* C'est très joli chez toi.

ALAIN - Merci.

SYLVIE - Tu as beaucoup de goût.

ALAIN - C'est surtout le goût de Dominique… C'est elle qui s'occupe de tout ici…

SYLVIE - Elle n'est pas là ?

ALAIN - Si… Dans sa chambre… Elle dort encore…

Sylvie - Oh! mon Dieu! J'espère que je ne l'ai pas réveillée?

Alain - Non, non… Rassure-toi… Quand elle dort, rien ne peut la réveiller. On peut tirer le canon! Surtout qu'elle est rentrée tard cette nuit. Je te la présenterai une autre fois…

Sylvie - Mais j'espère bien… J'ai hâte de la connaître… Avec tout ce que tu m'as raconté sur elle, je suis sûre que j'en ferai une copine…

Alain - Ah bon! Toi aussi…

Sylvie - Pourquoi « moi aussi »?

Alain - Ah! mais… c'est parce que… tous ceux à qui j'en parle me disent la même chose. Tout le monde a envie de la connaître!

Sylvie - C'est normal! Tu en dis tellement de bien…

Alain - Mais elle le mérite… Tu ne veux vraiment rien boire?

Sylvie - Non… Vraiment… Merci… On est bien chez toi. J'y resterais des heures!

Alain - Ah oui… Ça, on y est bien… Mais quand tu vas voir ma chambre… Alors là…

Sylvie - Qu'est-ce qu'elle a ta chambre?

Alain - Qu'est-ce qu'elle a? Mais elle a que… c'est pas du tout décoré pareil… Ici, je te l'ai dit, c'est le goût de Dominique… Uniquement… Mais ma chambre, c'est moi qui ai tout choisi… Tout seul… Alors, si tu veux connaître mes goûts, il faut que tu viennes voir ma chambre… Voilà…

Sylvie - Une autre fois, Alain. Tu veux bien?

Alain - Ah non! Tu ne vas pas me faire ça! Ah non! Tu ne peux pas rester là!

Sylvie - Pourquoi?

Alain - Parce que… si tu restes là… tu ne connaîtras pas mes goûts. Il faut absolument que tu viennes…

Sylvie - Non, Alain, je ne voudrais pas que tu te méprennes, que tu penses que je suis venue chez toi pour…

Alain - Pour quoi ?

Sylvie - Tu sais très bien ce que je veux dire… Ce n'est pas pour ça que je suis venue…

Alain - Mais je le sais très bien…

Sylvie - Je n'en suis pas sûre… Je voulais juste connaître l'endroit où tu vis… Alors, sois gentil, n'essaye pas de m'entraîner dans ta chambre… Je ne suis pas prête, Alain…

Alain *(offusqué)* - Oh !… Oh !… Mais comment peux-tu penser que je pense une chose pareille ? Oh !… Tu me déçois, Sylvie… Je te jure que je n'y pensais pas une seule seconde !

Sylvie - C'est vrai ?

Alain - Mais je te répète que je te le jure ! Tiens, pour te convaincre, je te laisse y aller toute seule… Moi, je resterai à la porte… Tu entres, tu visites et tu ressors… D'accord ?

Sylvie *(riant)* - Ah ! ah ! ah ! D'accord… Tu dois me trouver stupide, hein ?

Alain - Mais non… Pas du tout… C'est normal… J'ai tellement envie de toi… Alors, forcément, tu crois que je vais en profiter… Eh bien, non ! Rassure-toi, c'est pas mon genre… Oh non… Surtout ce matin…

Sylvie - Pourquoi ce matin ?

Alain - Pourquoi ? Mais parce que… si tu savais la nuit que je viens de passer… Oh là là !

Sylvie - Qu'est-ce qui t'est arrivé ?

40

ALAIN - Mais il m'est arrivé… Il m'est arrivé que j'ai été malade toute la nuit… Voilà ce qui m'est arrivé… Hier au soir, j'ai été dîné à Enghien avec un vieux, très vieux copain… J'ai pris des huîtres… Je suis tombé sur une qui n'était pas fraîche… Mais alors vraiment pas fraîche… Résultat : je n'ai pas fermé l'œil de la nuit… Voilà…

SYLVIE - Oh! mon pauvre chéri! Mais pourquoi ne me l'as-tu pas dit quand je t'ai appelé? Je ne serais pas venue te déranger!

ALAIN - Ah! mais je n'ai pas pu! J'étais trop content que tu viennes… Tellement content de te faire voir ma chambre…

SYLVIE - Tu y tiens vraiment?

ALAIN - Ah oui! Ça, j'y tiens… Tant que tu ne l'auras pas vue, je ne serai pas tranquille.

SYLVIE - C'est à ce point-là?

ALAIN - Ah oui! Parce que si jamais ça ne te plaît pas, je refais tout, et à ton goût… Comme ça, si un jour j'ai le bonheur de t'y accueillir et que tu me fasses l'honneur d'y rester plus de deux minutes, je veux que tu t'y sentes comme chez toi… Voilà… Alors, on y va?

SYLVIE *(riant)* **-** Ah! ah! ah! On y va…

ALAIN - Par ici, princesse…

> *Ils se dirigent vers la chambre… Au moment où Sylvie va y entrer, on entend un grand bruit de vase cassé, suivi d'un « merde » retentissant poussé par Charles.*

GILDA *(off)* **-** Ah oui! Ça tu peux le dire!

SYLVIE - Qu'est-ce qui se passe?

ALAIN - Je ne sais pas…

SYLVIE - On a réveillé ta sœur!

ALAIN - Mais non! C'est pas nous! Tu entends bien qu'elle n'est pas toute seule.

La porte s'ouvre. Gilda, qui s'est rhabillée de façon décente, en sort. Elle tient à la main le vase brisé qu'elle va poser sur la table ou sur le bar.

GILDA - Ah! le con! Mais quel con!

ALAIN - Qu'est-ce qui se passe?

GILDA - Ben, tu ne le vois pas? C'est Charles… Il m'a cassé mon vase, ce crétin. *(À Sylvie.)* Bonjour madame…

SYLVIE - Bonjour…

GILDA - Charmante… Vous êtes charmante…

SYLVIE - Merci…

GILDA *(à Alain)* - C'est vrai… Elle est charmante…

ALAIN - Oui, merci, je le sais…

GILDA - Je suis sûre que c'est Sylvie. *(À Sylvie.)* Hein, je ne me trompe pas? Vous êtes bien Sylvie?

SYLVIE - Oui… Mais comment le savez-vous?

GILDA - Mais parce que vous correspondez exactement au portrait qu'il me fait de vous depuis qu'il vous a rencontrée! Trois fois par jour, si ce n'est pas plus!

ALAIN - Dominique…

GILDA - Quoi? C'est pas vrai, peut-être? Il ne dort plus… Il ne sort plus sauf hier soir… Et c'est moi qui l'ai poussé à aller dîner avec son vieux copain qui habite Enghien… Il n'avait rien mangé depuis huit jours! Alors il s'est jeté sur une douzaine d'huîtres et il est tombé sur une qui n'était pas fraîche. *(À Alain.)* Hein, qu'elle n'était pas fraîche la grosse huître sur laquelle tu es tombé hier soir à Enghien?

ALAIN - Bon, ça suffit maintenant!

GILDA - Ah! je vois que tu vas mieux depuis que ta Sylvie est là! Mais cette nuit, tu étais bien content de la trouver ta petite sœur pour te soigner, hein?

ALAIN - Bon, ça y est? Tu as fini?

GILDA - Mais oui… Ne t'inquiète pas…

CHARLES *(off)* **-** Gildaaa…

GILDA - J'arrive mon amour! *(À Sylvie.)* C'est Charles, mon fiancé…

ALAIN - Ton fiancé?!

GILDA - Ben oui! Tu as oublié que j'étais fiancée?

ALAIN - Non… Mais…

GILDA - Mais quoi? C'est Charles, mon fiancé… Tu t'en souviens, quand même?

ALAIN - Ah oui… Oui… Bien sûr!

GILDA *(à Sylvie)* **-** C'est vous qui le mettez dans cet état?

SYLVIE - Mais non…

GILDA - Ah si! C'est vous. Bon… Excusez-moi mais il faut que je m'occupe de Charles… Il n'en peut plus. C'est sa première permission depuis six mois. Il est dans la marine. Et comme j'ai passé la nuit à soigner Alain à cause de sa grosse huître, j'ai vraiment pas eu le temps de m'occuper de lui. Alors il n'en peut plus… Forcément… Il n'a même pas eu le temps de retirer son uniforme… Il est magnifique dans son uniforme… Vous voulez le voir?

ALAIN *(furieux)* **-** Mais non! Elle ne veut pas!

GILDA - C'est vrai? Vous ne voulez pas?

SYLVIE *(riant)* **-** Mais si!

43

GILDA *(à Alain)* **-** Ah! tu vois! *(À Sylvie.)* Vous êtes vraiment charmante. *(Appelant.)* Charles! Viens ici tout de suite! *(À Sylvie.)* Vous allez voir : magnifique! *(Charles entre : casquette à l'envers, veste déboutonnée, chemise à moitié sortie... Vraiment débraillé.)* Oui… Là… Évidemment… Il aurait besoin d'un petit coup de fer… Il est pas plus frais que la grosse huître sur laquelle tu es tombé hier!

ALAIN **-** Oh! Domi!

GILDA *(à Charles)* **-** Dis bonjour à la dame…

CHARLES **-** Bonjour madame…

GILDA **-** C'est bien… Et maintenant tu lui dis au revoir…

CHARLES **-** Au revoir…

GILDA **-** Madame… Au revoir madame…

CHARLES **-** Au revoir madame…

GILDA **-** C'est bien… Tu peux repartir… Je te rejoins tout de suite…

CHARLES **-** Ah! quand même! *(Il sort.)*

GILDA **-** Il a une belle voix, vous ne trouvez pas?

SYLVIE *(riant)* **-** Très belle… Oui…

GILDA **-** Dommage qu'il ait un caractère de merde… Mais il a d'autres qualités! Allez, je vous laisse…

ALAIN **-** Ah! quand même!

GILDA **-** Je vais me recoucher. Aujourd'hui je ne travaille pas… Ça va me faire du bien une journée sans clients…

SYLVIE **-** Sans clients?

GILDA **-** Euh… oui…

ALAIN **-** Mais oui! Je te l'ai dit : Dominique est attachée de direction…

GILDA - C'est ça… Je suis attachée…

SYLVIE - Et vous travaillez pour qui ?

GILDA - Oh ! vous savez… Je ne m'attache pas toujours aux mêmes…

SYLVIE - Ah bon !

GILDA - Oh non ! Je suis trop indépendante… J'ai toujours besoin de changement… Alors je travaille surtout en intérim. Je m'attache, je me détache… Un peu comme vous.

SYLVIE - Comme moi ?

GILDA - Ben oui… En tant qu'avocate, vous n'avez pas toujours affaire aux mêmes clients.

SYLVIE - Ah non… C'est très varié…

GILDA - Vous voyez… Vous n'êtes pas spécialisée non plus…

SYLVIE - Ah ! si, quand même ! Je traite surtout des affaires de divorce… Moi, le commercial…

GILDA - Eh bien, moi, c'est plutôt le commercial. Et il y a du boulot… Comme pour vous, j'imagine… Les divorces, c'est pas ce qui manque !

SYLVIE - Oh non !

GILDA - Moi aussi, j'en ai un paquet de clients divorcés. Et c'est ceux-là qui s'attachent le plus…

SYLVIE - Comment ça ?

GILDA - Eh bien, parce que… Comment vous expliquer ça… Tenez, un exemple : si je travaille pour quelqu'un qui n'est pas divorcé, eh bien, le soir, à la sortie du bureau, je me détache parce qu'il rentre chez lui ! Mais quand je tombe sur un divorcé, alors là, j'ai du mal à m'en détacher… Il trouve toujours quelque chose à vous faire faire pour ne pas rester seul… Vous voyez !

Sylvie - Oui ! Ça doit être épuisant !

Gilda - Oh là là ! Des fois, je reste attachée toute la nuit. Mais c'est comme dans tous les métiers, hein… Il n'y a pas que du bon…

Sylvie - Oh là là ! À qui le dites-vous !

Gilda - Mais à vous… Vous êtes vraiment charmante. *(À Alain.)* Ça ne va pas, petit frère ? Tu es tout pâle…

Alain - Mais si, ça va très bien… *(À Sylvie.)* Je vais me préparer…

Sylvie - Ce ne serait pas très raisonnable, Alain…

Alain - Quoi ?

Sylvie - De sortir maintenant.

Alain - Mais pourquoi ?

Sylvie - Après la nuit que tu viens de passer…

Gilda - Ça c'est vrai… Tu ne l'as pas encore digérée, ta grosse huître…

Alain *(furieux)* - Mais si !

Gilda - Mais non ! Je vais te faire un bouillon !

Alain - Quoi ?

Gilda - Un bon bouillon…

Alain - Mais non !

Sylvie - Mais si… Elle a raison, Alain… Il faut que tu te reposes… Je t'appelle en fin d'après-midi et, si tu vas mieux, on peut dîner ensemble ce soir… D'accord ?

Alain - Mais c'est sûr ?

Sylvie - Quoi ?

Alain - Ce soir… C'est sûr pour ce soir ?

SYLVIE - Mais oui… Pourquoi ?

ALAIN - Mais parce que tu m'as déjà remis trois rendez-vous. Alors je ne voudrais pas que ce soir…

SYLVIE - Non, ce soir, c'est juré, on dîne ensemble…

GILDA - Et un peu plus s'il y a affinités… Hein, Sylvie ?

ALAIN - Oh ! Domi ! Je t'en prie !

GILDA - Quoi ? Depuis le temps que tu en rêves… C'est vrai… Si vous pouviez voir dans quel état il est quand vous lui remettez un rendez-vous ! La tête qu'il fait ! On dirait qu'il en a avalé six douzaines, d'huîtres pas fraîches. Et ça fait un mois que ça dure… Moi, j'essaye de lui changer les idées… Rien à faire ! Il n'a que vous en tête. Et pourtant, il en rencontre des filles dans son boulot ! Et moi, je lui en ai présenté un paquet de copines ! Eh bien…

ALAIN - Ah non ! Maintenant, tu t'arrêtes !

GILDA - Non ! Quand je suis lancée, plus rien ne m'arrête. Excusez-moi, Sylvie. Je sais que je ne devrais pas me mêler de votre vie privée, que ça ne me regarde pas… Et puis, que vous fassiez patienter Alain, je comprends ! Je comprends très bien. Ça se voit tout de suite que vous n'êtes pas une fille facile… Mais lui, il n'en peut plus. Il va finir par se taper une pute, moi je vous le dis…

ALAIN - Oh !!! Dominique !

GILDA - Quoi ? C'est pas vrai, peut-être ? Alors, comme vous n'êtes pas une allumeuse… Parce que ça se voit tout de suite que vous n'êtes pas une allumeuse… Eh bien, dites-lui clairement où vous en êtes avec lui…

ALAIN - Dominique !

GILDA *(à Alain)* - Tais-toi ! *(À Sylvie.)* Si vous pensez qu'il n'y aura jamais rien entre vous, que vous n'éprouvez pour lui que de l'amitié, bien que le mot soit un peu fort puisque vous ne vous connaissez que depuis un mois… disons une solide camaraderie, eh bien, dites-le-lui, il comprendra, il se résignera… Et moi, je l'aiderai à vous oublier : j'ai trois copines superbes qui bavent devant lui.

ALAIN - Oh non ! Arrête !

GILDA - Quoi ? C'est pas vrai ? Aïcha, Isabelle et Nathalie… Elles sont folles de lui… Voilà… Je suis désolée de vous avoir dit tout ça, mais moi non plus je n'en peux plus… *(Elle craque et commence à pleurer.)* C'est mon frère, vous comprenez, et en ce moment il m'inquiète… J'ai peur qu'il fasse une bêtise. Vous le comprenez, ça, que je m'inquiète pour lui ?

SYLVIE *(émue)* - Oui, Dominique… Très bien…

GILDA - Merci… *(Elle renifle.)* Excusez-moi… Je n'aurais pas dû… Je vous laisse… *(Elle se dirige lentement vers sa chambre.)*

SYLVIE - Dominique…

GILDA *(se retournant)* - Oui ?

SYLVIE - J'aime beaucoup Alain…

GILDA *(heureuse)* - C'est vrai ?

SYLVIE - Oui…

GILDA - Oh ! c'est bien ça ! Ça c'est bien ! *(À Alain.)* Tu vois : elle t'aime beaucoup…

SYLVIE - Mais je le connais depuis si peu de temps… Et puis je ne suis pas à la recherche d'une aventure… Je sors d'une histoire très douloureuse…

GILDA - Je m'en doutais ! Dès que je vous ai vue, je me suis dit : « Tiens, cette fille-là, elle doit sortir d'une histoire très douloureuse ! » Ça se sent ces choses-là ! Ça se sent…

SYLVIE - Alors j'ai encore besoin d'un peu de temps.

GILDA - Bien sûr…

SYLVIE - Je n'ai pas envie de me jeter dans les bras du premier venu…

GILDA - Oh non… Faut pas…

SYLVIE - Mais vous, vous m'en avez appris plus sur Alain en cinq minutes que lui en un mois…

GILDA *(à Alain)* - Ah! tu vois! En cinq minutes!

SYLVIE - Parce que lui… Excuse-moi, Alain, mais tu donnes l'impression, certainement fausse d'après tout ce que vient de me dire ta sœur, mais… d'être un peu du genre cavaleur…

GILDA - C'est vrai ce qu'elle dit, Alain! Moi, si je ne te connaissais pas comme je te connais, eh bien, moi aussi j'aurais cette impression. Alors que si vous saviez…

ALAIN - Oh non! Tu ne vas pas recommencer!

GILDA - Tu as raison… Je vous laisse. Je suis très heureuse de vous avoir connue, Sylvie… J'espère que nous nous reverrons…

SYLVIE - J'en suis sûre!

GILDA - C'est vrai? Ah… Merci… Merci… Je vous laisse… Vous avez besoin d'être un petit peu seuls tous les deux… Hein, Alain?

ALAIN *(en rogne)* - Oui… On a besoin…

GILDA - Je les sens, ces choses-là, je les sens… *(Elle ouvre la porte.)* Au revoir Sylvie… À bientôt…

SYLVIE - À bientôt Dominique…

GILDA - Alain?

ALAIN - Quoi encore?

GILDA - Dès que Sylvie sera partie, tu m'appelles…

ALAIN - Pourquoi?

GILDA - Pour ton bouillon.

49

ALAIN - Mais non !

GILDA - Mais si ! *(À Sylvie.)* Je vais lui faire un bon bouillon ! *(Elle sort.)*

ALAIN - Je suis désolé, Sylvie… Elle est insupportable…

SYLVIE - Elle est formidable, tu veux dire ! J'aimerais bien avoir une sœur comme ça ! Tu ne dois jamais t'ennuyer avec elle.

ALAIN - Ah non ! Ça… Je n'ai pas le temps…

SYLVIE - Et puis tu l'adores, ça se voit…

ALAIN - Ben… oui…

SYLVIE - Et elle aussi… Ça se voit tout de suite que vous vous adorez tous les deux…

ALAIN - Oui… Bon… Écoute… On ne va pas continuer à parler d'elle… Moi, je me sens très bien maintenant… Alors, donne-moi cinq minutes, le temps de me préparer, et je descends avec toi… D'accord ?

SYLVIE - Non… J'ai une meilleure idée…

ALAIN - C'est quoi ?

SYLVIE - Tu te prépares tranquillement… Pas en cinq minutes. Pendant ce temps-là, je passe à mon bureau récupérer quelques dossiers que je peux étudier tranquillement chez moi et je reviens te chercher en début d'après-midi…

ALAIN - En début d'après-midi ?

SYLVIE - Oui… Tu te reposeras chez moi pendant que je travaillerai un petit peu et ensuite je te préparerai un très bon petit dîner… Parce que je fais très bien la cuisine… Ça te va ?

ALAIN - Ah… ben… je pense bien que ça me va !

SYLVIE - Mais tu seras sage…

ALAIN - Ben, oui… Mais c'est sûr, tu reviens ?

SYLVIE - Juré… *(Elle l'embrasse rapidement sur la bouche.)*

ALAIN - Bon, je me dépêche…

SYLVIE - Mais non… Prends tout ton temps…

ALAIN - Ah oui… C'est vrai… Bon, alors, à tout à l'heure…

SYLVIE - C'est ça… À tout à l'heure !

Sylvie sort rapidement. Gilda entre.

GILDA - Alors tu as vu comment je te l'ai accéléré le processus de collage !

ALAIN - Oh ! c'est d'un goût !

GILDA - Oh ! excuse-moi ! Mais tu pourrais quand même me remercier !

ALAIN - Te remercier ? Mais tu te rends compte dans quelle situation je me trouve maintenant ? Elle croit que tu es ma sœur… Je ne pourrai plus jamais lui présenter Dominique. Ah non ! Non, c'est pas possible ça… Je vais tout lui avouer ce soir…

GILDA - Moi, si j'étais toi, j'attendrais demain matin…

ALAIN - Pourquoi ?

GILDA - Parce que si tu lui avoues tout ce soir, elle ne sera toujours pas dans ton lit le jour où tu toucheras ta carte vermeille !

ALAIN - Tu crois ?

GILDA - J'en suis sûre… Alors attends demain matin… Et si tu ne te retrouves pas en bas de chez elle à poil et le bol de café sur la tête, eh bien, c'est peut-être une fille pour toi.

ALAIN - Oui, tu as peut-être raison…

GILDA - Oh oui !

ALAIN - C'est incroyable ce qui m'arrive ! Quand je vivais dans le mensonge tout allait bien… Pour une fois que je veux en sortir, tout va mal !

GILDA - Mais c'est impossible de vivre dans la vérité ! Ça cause trop de problèmes !

ALAIN - Ah oui ! Parce que là, j'en ai vraiment un de problème !

CHARLES *(entrant)* **-** Moi aussi.

ALAIN - Oh ! il est encore là celui-là !

CHARLES - Oui… Je suis là et je ne sortirai pas d'ici tant qu'elle n'aura pas tenu sa promesse… Parce que je ne lui ai rien demandé, moi… Je n'aurais jamais osé… Elle me plaisait trop… C'est elle qui me l'a promis, alors il faut qu'elle la tienne… Dites-lui de la tenir…

ALAIN *(à Gilda)* **-** Mais qu'est-ce qu'il veut que tu tiennes ?

CHARLES - Sa promesse…

ALAIN - Oui, ça va… Mais c'est quoi ?

CHARLES - Eh bien… Eh bien… *(À Gilda.)* Eh bien, dites-lui ce que vous m'avez promis. Je veux voir si je n'ai pas rêvé !

GILDA - Mais non, tu n'as pas rêvé, mon petit Charles ! *(À Alain.)* Je lui ai promis que s'il restait dans cette chambre sans faire aucun bruit le temps que ta Sylvie était là, eh bien, que je lui ferais un gros câlin… Voilà.

CHARLES - Voilà… Un gros… Et je n'ai rien eu. Rien. Ni un gros, ni un petit !

GILDA - Si tu n'avais pas cassé le vase, tu l'aurais eu !

CHARLES - Je ne l'ai pas fait exprès !

GILDA - Je le sais… Mais il a bien fallu que je sorte… Tu l'aurais vu ! Il s'est jeté sur moi comme un fou !

CHARLES - Mais parce que vous m'aviez promis…

GILDA - … un gros câlin… On le saura… Eh bien, retourne dans la chambre, je vais te le faire…

CHARLES - Ah ! quand même ! *(Il sort.)*

GILDA *(à Alain)* **-** Je suis désolée, mais une promesse c'est une promesse…

ALAIN - Attends ! Attends ! Tu ne vas pas faire ça ?

GILDA - Mais si ! Dans l'état où il est, j'en ai pour cinq minutes.

ALAIN - Mais enfin, Gilda, tu ne vas pas te sacrifier pour moi !

GILDA - Oh ! tu sais, j'en ai vu d'autres ! Et puis, il est mignon. C'est pas vraiment un sacrifice.

ALAIN - Mais ça ne te gêne pas… de faire ça comme ça ?

GILDA - Ah si ! Ça me gêne toujours quand c'est gratuit…

CHARLES *(revenant)* **-** Je suis désolé, mais je ne peux plus attendre, moi !

ALAIN - Mais c'est pas vrai ! Mais c'est un malade ! Vous êtes un vrai malade ! Vous pouvez quand même attendre cinq minutes !

CHARLES - Mais non ! Ma permission est finie ! Je ne peux pas rater mon train et il faut d'abord que je ramène Claire chez elle !

ALAIN - Claire ? Mais qu'est-ce qu'elle vient faire là-dedans ?

CHARLES - Mais elle m'attend ! Elle est en bas !

ALAIN - Claire ?

CHARLES - Mais oui ! À la brasserie en face…

ALAIN - Mais je rêve ! Pourquoi l'avez-vous amenée ici ?

CHARLES - Parce que je ne peux pas la laisser seule dans l'état où elle est… Et à cause de vous ! Elle est capable de faire une bêtise. *(Il montre Gilda.)* Vous avez une sœur vous aussi. Alors vous pouvez me comprendre.

Gilda - Ah oui… Il en a même deux… Hein, chéri ?

Charles *(à Gilda)* - Alors, on y va ?

Gilda - Mais oui, mon grand, on y va…

Alain - Une seconde…

Charles - Ah non !

Gilda - Mais si… Donne-lui une seconde et moi, en échange, je te donne dix minutes de plus.

Charles - C'est vrai ?

Gilda - Mais oui !

Charles - Alors ! Qu'est-ce que vous voulez encore ?

Alain - Qu'est-ce que vous allez lui dire à Claire ?

Charles - La vérité ! Que vous avez rencontré quelqu'un d'autre et que vous n'avez pas le courage de le lui dire en face… Et que, si elle veut vous récupérer, il va falloir qu'elle se batte !

Alain - Mais non ! Si vous lui dites ça, elle ne va pas arrêter de m'emmerder !

Charles - Ça, c'est votre problème ! Allez, viens…

Alain - Une seconde.

Charles - Oh ! y'en a marre !

Gilda - Donne-lui encore… Ça te fera vingt minutes…

Charles - Mais je vais rater mon train !

Gilda - Et l'avion ? Tu as pensé à l'avion ?

Charles - C'est vrai… Y'a l'avion… *(À Alain.)* Alors ?

Alain - Vous ne pouvez pas lui dire ça !

Charles - Alors dites-moi ce que je dois lui dire qu'on en finisse ! *(Il regarde sa montre.)*

ALAIN - Vous lui dites que vous êtes monté ici croyant que ma femme n'était pas là, mais qu'elle était là !

CHARLES - Elle était là ?

ALAIN - Oui. Dans sa chambre… Et quand elle a entendu, à cause de vous, que j'avais une maîtresse, elle s'est jetée sur moi, elle a voulu m'étrangler et c'est l'infirmière qui nous a séparés…

CHARLES - Quelle infirmière ?

ALAIN - Gilda.

CHARLES - Vous êtes infirmière ?

GILDA - Eh oui ! Et une bonne… Je n'ai encore jamais eu un client qui s'est plaint de mes soins !

ALAIN - Alors elle lui a fait une piqûre pour la calmer et il n'est plus question maintenant qu'elle sait ce qu'elle sait, ni que je la quitte, ni que je divorce… Voilà ! D'accord ?

CHARLES - D'accord ? *(À Gilda.)* Allez, viens !

ALAIN - Mais ça ne va pas ! Vous n'allez pas faire ça ici !!!

CHARLES - Pourquoi ?

ALAIN - Mais parce que… c'est la chambre de ma femme… et elle est en pleine dépression, ma femme ! Alors si jamais elle s'aperçoit…

CHARLES - Mais elle ne rentre que demain…

ALAIN - Et alors ? Si vous allez vous vautrer chez elle, vous aurez beau faire trois heures de ménage, tout de suite elle s'en apercevra et elle va replonger…

CHARLES - Replonger ?

ALAIN - Mais oui ! Ça fait quinze jours qu'elle est soignée dans un établissement spécialisé ! Elle va revenir bourrée de médicaments… Pas question de lui faire subir le moindre choc… Pas question !!!

55

CHARLES *(hurlant)* **-** Mais alors où??? Où??? Et quand??? Quand???

ALAIN - Mais il est fou ce type! Complètement fou!

CHARLES - Alors… où???

GILDA - Chez moi.

CHARLES - Chez toi?

GILDA - Oui… C'est pas loin d'ici. Et comme tu vas prendre l'avion ce soir, je te garde tout l'après-midi… Ça te va?

CHARLES - Ah oui! Ça, ça me va!

GILDA - Alors ne perds pas de temps… Va lui raconter tout ce qu'il vient de te dire, à ta sœur…

CHARLES - Maintenant?

GILDA - Mais oui! Tu ne vas pas la laisser toute seule en bas, dans un bistrot, jusqu'à ce soir!

CHARLES - Ah oui… C'est vrai… Bon, j'y vais.

ALAIN - Très bien… Allez-y… Vite…

CHARLES *(à Gilda)* **-** Et je remonte?

GILDA *(lui tendant sa carte)* **-** Non, tu m'appelles et je viens te rejoindre…

CHARLES - Pourquoi?

GILDA - Comme ça, je pourrai vérifier que tu nous as bien débarrassés d'elle… Allez… Dépêche-toi…

CHARLES - D'accord!

ALAIN - Ah! quand même!

CHARLES *(à Gilda)* **-** Une question…

ALAIN - Mais non!

CHARLES *(à Alain)* - Une seconde !!! Vous permettez, oui ? *(À Gilda.)* C'est pas possible que vous éprouviez pour moi ce que moi j'éprouve pour vous… Ça, c'est pas possible… Alors pourquoi êtes-vous prête à… avec moi… comme ça… si vite… Hein, pourquoi ?

ALAIN - Ah oui ! C'est vrai ça… Pourquoi ?

GILDA - Parce que… Ça me gêne un peu d'avouer ça devant toi, petit frère… Ça me gêne…

ALAIN - Mais si… Vas-y… Vas-y, qu'on en finisse !

GILDA - Eh bien, j'ai toujours fantasmé sur l'uniforme…

ALAIN *(en aparté)* - Eh ben, v'là autre chose !!

GILDA - Dès que j'en vois un, ça me met dans un état pas possible… Tu comprends ?

CHARLES - Ah oui… Oui… J'en ai déjà entendu parler de ça…

ALAIN - Ah oui ! C'est vrai !… Moi, c'est les contractuelles ! Dès que j'en vois une, ça me met dans un état !

GILDA *(triste)* - Ne plaisante pas, Alain… J'en souffre énormément d'être comme ça… Toujours avoir envie de se jeter sur le premier uniforme qui passe… *(À Charles.)* C'est dur, tu sais…

CHARLES *(ennuyé)* - Oui, je m'en doute.

GILDA - Je sais que ce n'est pas très agréable pour toi d'apprendre ça…

CHARLES - Pour moi ?

GILDA - Oui ! De savoir que c'est ton uniforme qui m'attire plus que toi… Ça doit te…

CHARLES - Ah non ! Je m'en fous !

GILDA - Ah bon !

CHARLES - Ah oui! Complètement! Du moment que c'est moi qui en profite, je m'en fous!

GILDA - Ah! tant mieux! Va, maintenant... Va vite... Chaque minute qui passe retarde le moment où je vais pouvoir me vautrer sur toi!

CHARLES *(s'énervant)* - Ah! ça, je ne vais pas perdre de temps! Elle est bien gentille, Claire, mais il faudrait quand même qu'elle arrête ce cirque! Il ne veut plus d'elle, eh bien, c'est qu'il ne veut plus d'elle! C'est quand même pas difficile à comprendre, ça, hein?

ALAIN - Voilà. Très bien... Mais c'est pas à moi qu'il faut le dire, c'est à elle!

CHARLES - Mais j'y vais...

ALAIN - Alors vite! Vite!

CHARLES - Vous permettez? Je peux mettre ma veste, quand même?

GILDA - Oh oui! Va la mettre! Tu es tellement beau avec ta veste...

Charles sort dans la chambre. Au même moment, la porte d'entrée s'ouvre et Dominique, un sac de voyage à la main, entre.

DOMINIQUE - Salut petit frère!

ALAIN *(surpris, se retournant brutalement)* - Ah!!!

DOMINIQUE - Mais qu'est-ce qui te prend? *(Elle aperçoit Gilda.)* Oh! pardon! Je ne vous avais pas vue! Bonjour...

GILDA - Bonjour...

ALAIN - Oh là là!

DOMINIQUE *(à Gilda)* - Mais qu'est-ce qu'il a? *(À Alain.)* C'est moi qui te fais cet effet, petit f...

58

ALAIN - Non. Tais-toi… Il n'y a pas de petitf… Je ne suis pas ton petitf… Je suis ton mari…

DOMINIQUE - Ah bon !

ALAIN - Ah oui ! *(Charles entre, habillé.)* Et je te présente mon vieux copain Charles que j'avais perdu de vue depuis des années… Hein, Charles ?

CHARLES - Euh… oui…

ALAIN - Charles, je te présente ma petite femme qui vient d'arriver à l'improviste…

CHARLES - Bonjour madame !

DOMINIQUE - Bonjour monsieur !

ALAIN *(à Charles)* - Tu permets que je l'embrasse ? Quinze jours que je ne l'ai pas vue ma petite femme… *(Il l'embrasse comme un fou.)* Hein, ma chérie, que tu es ma petite femme ?

DOMINIQUE *(collée à lui, à son oreille)* - Ça va, j'ai compris ! Je ne suis pas conne à ce point-là !

ALAIN - Alors, ça s'est bien passé ces quinze jours ?

DOMINIQUE - Ah oui… Très bien…

ALAIN - Ils t'ont bien soignée ?

DOMINIQUE - Ah oui… Très très bien…

ALAIN - Et ton toubib, il était bien ?

DOMINIQUE - Ah oui… Très très très bien…

ALAIN - Ah ! c'est bien ! Il ne t'a pas forcée à prendre trop de médicaments ?

DOMINIQUE - Ah non… Pas trop… Pas trop… Surtout du champagne !

ALAIN - Tiens !

Dominique - Eh oui ! Il soignent au champagne, là-bas. C'est une nouvelle méthode…

Alain - Eh bien, ça t'a réussi, tu es beaucoup mieux… Hein, Gilda ? Tu ne trouves pas qu'elle est beaucoup mieux ?

Gilda - Ah oui ! Je ne l'ai même pas reconnue, dis donc !

Dominique *(à Alain)* - Qui est-ce ?

Alain - Comment, qui est-ce ? Mais c'est ma petite sœur, voyons !

Dominique - Aaaah… C'est ta…

Alain - Mais oui ! Tu ne la reconnais pas ?

Dominique - Aaaah… Mais oui… Maintenant que je la regarde bien… Mais oui… C'est ta petite sœur…

Alain - Ah ! quand même !

Gilda - Eh ben, tu ne m'embrasses pas ?

Dominique - Mais si… Bien sûr que je t'embrasse… *(Elles s'embrassent.)*

Gilda - Ça me fait plaisir de te revoir…

Dominique - Et moi donc… C'est que ça fait un bail, hein ?

Gilda - Oh oui ! Ça fait bientôt dix ans, non ?

Dominique - Mais oui… Tu as raison… Dix ans… C'est pour ça que j'ai eu du mal à te reconnaître !

Gilda - Ah bon ! J'ai changé à ce point-là ?

Dominique - Ah oui ! C'est incroyable ce que tu as changé !

Alain - Domi, c'est pas gentil ce que tu dis là !

Dominique - Comment, c'est pas gentil ? La dernière fois que je l'ai vue, elle avait encore l'air d'une petite fille et aujourd'hui je découvre une superbe femme ! En quoi c'est pas gentil ?

ALAIN - Ah ! bien sûr ! Vu comme ça…

DOMINIQUE - Eh oui ! Vu comme ça ! Et toi, tu m'as reconnue tout de suite ?

GILDA - Eh non ! C'est vrai… Moi aussi, j'ai eu du mal…

DOMINIQUE - Ah bon !

GILDA - Ah oui ! Tu es encore plus belle ! C'est fou ce que tu as embelli…

DOMINIQUE - C'est vrai ?

GILDA - Mais oui ! C'est vrai !

DOMINIQUE - Oh ! que c'est gentil ! Allez, on s'embrasse ?

GILDA - Ah oui ! On s'embrasse ! *(Elles s'embrassent.)*

ALAIN - Bon, ça va… Vous vous êtes déjà embrassées…

GILDA - Tu permets, oui ? Je suis tellement contente de la revoir…

DOMINIQUE - Et moi donc… Allez, on s'embrasse encore…

GILDA - D'accord ! *(Elles s'embrassent une nouvelle fois.)*

ALAIN - Ah non ! Ça suffit ! Vous aurez tout le temps de vous embrasser quand Charles sera parti… Vous allez lui faire rater son train… Hein, Charles ?

CHARLES - Ah non ! L'avion… Je prends l'avion parce que…

ALAIN - Mais oui ! C'est vrai ! Et il n'a pas encore pris son billet… Hein, Charles ?

CHARLES - Non… Pas eu le temps…

ALAIN - Eh bien, dis au revoir à tout le monde et sauve-toi…

CHARLES *(à Domi)* **-** Au revoir madame…

DOMINIQUE - Au revoir Charles…

Gilda - Au revoir Charles… Ne rate pas ton avion…

Charles - Oh non! Ça je ne vais pas te rater… euh… le rater… Tu m'appelles?

Gilda - Mais non! C'est toi!

Charles - Ah oui! C'est vrai! C'est moi… Au revoir!

Alain - C'est ça! Au revoir!

Charles *(à Alain)* **-** On s'embrasse?

Alain - Ah non! Ça suffit! *(Il l'entraîne vers la porte.)* Allez, file… Je suis content de t'avoir revu…

Charles - Et moi donc…

Alain - Allez… Salut! *(Il referme la porte.)* Ah! quel emmerdeur!

Dominique - C'est qui? Raconte…

Alain - Oui, mais vite, parce que Sylvie va arriver…

Dominique - Sylvie?

Alain - Oui… *(Le téléphone sonne.)* Une seconde… *(Il décroche le téléphone fixe.)* Allô! Allô! Allô!… Oh! on a raccroché!… Qu'est-ce que je disais?

Dominique - Sylvie…

Alain - Ah oui! Elle va revenir…

Dominique - Mais je croyais que ça ne marchait pas avec elle?

Alain - Ça ne marchait pas jusqu'à ce matin, mais elle sort d'ici…

Dominique - Ah! bravo!

Alain - Non… Pas bravo… Il ne s'est rien passé! Elle est venue pour m'inviter à déjeuner et elle est tombée sur Gilda…

Dominique - Ah oui! Sur ta sœur…

ALAIN - Eh! Il a bien fallu que je la fasse passer pour toi! Je ne pouvais pas lui dire…

DOMINIQUE - … que tu venais de passer la nuit avec elle? C'est ça?

ALAIN - Eh oui! C'est ça! Je ne te l'ai toujours pas présentée?

DOMINIQUE - Eh non!

ALAIN - Gilda… Une vieille copine que j'avais perdu de vue depuis longtemps… Hein, Gilda?

GILDA - Oh oui! Ça remonte bien à deux ans!

ALAIN - Si c'est pas plus… Et hier au soir nous nous sommes retrouvés par hasard à Enghien… Hein, Gilda?

GILDA - Eh oui! Au casino… À la même table…

ALAIN - Et j'ai gagné cinq mille euros!

DOMINIQUE - Cinq mille euros?

ALAIN - Eh oui! Alors on a fêté ça…

GILDA - Eh oui! Avec des huîtres…

ALAIN *(à Gilda)* **-** Ah non! Tu ne vas pas recommencer avec les huîtres!

GILDA - Mais si! C'est bien parce que tu as été malade que je t'ai ramené chez toi…

ALAIN - Ah oui! C'est vrai… *(À Dominique.)* C'est pour ça qu'elle m'a raccompagné… Je n'étais vraiment pas bien… Voilà!

DOMINIQUE - Et l'emmerdeur?

ALAIN - Alors là, accroche-toi. C'est le frère de Claire…

DOMINIQUE - De Claire?

ALAIN - Oui ! Et il est venu me demander pourquoi je la laissais sans nouvelles depuis quinze jours ! Tu te rends compte ? Il paraît qu'elle déprime complètement et qu'il ne peut pas la laisser dans cet état. Alors Gilda s'est enfermée avec lui dans la chambre le temps que je la reçoive.

DOMINIQUE - Claire ?

ALAIN - Mais non ! Sylvie !

DOMINIQUE - Ah !… Excuse-moi, il faut suivre…

ALAIN - Eh oui ! Claire, elle l'attend en bas…

DOMINIQUE - Sylvie ?

ALAIN - Mais non ! Charles ! Qui vient de descendre pour lui raconter le résultat de notre entrevue, la faire partir et attendre que Gilda le rejoigne !

DOMINIQUE - Pour quoi faire ?

ALAIN - Eh ben… Pour… Parce que… Elle lui a… Elle doit le… Oh ! écoute, je n'ai pas le temps de t'expliquer ! Sylvie va revenir ! Gilda sera partie et je ne peux plus te présenter comme ma sœur ! Comment je vais m'en sortir ? Hein ? Comment ?

GILDA - Mais calme-toi ! On va trouver une solution…

ALAIN - Avant que Sylvie n'arrive, si possible !

DOMINIQUE - Dis donc, tu vas nous lâcher un peu avec ta Sylvie ? C'est sympa pour Gilda qui vient de passer la nuit avec toi…

GILDA - Laisse. C'est pas grave !… Oh ! pardon ! Laissez, c'est pas grave…

DOMINIQUE - Ah non ! Tu as raison, on se tutoie !

GILDA - C'est vrai ? Je peux ?

DOMINIQUE - Mais oui ! Je te trouve super ! J'aimerais bien avoir une sœur comme toi…

GILDA - Moi aussi ! Allez, on s'embrasse ?

64

Dominique - D'accord… *(Elles s'embrassent.)*

Alain - Oh non ! Ça recommence !

Dominique - Mais tu vas arrêter de râler, toi ! *(À Gilda.)* Tu dois vraiment partir ?

Gilda - Eh oui ! Dès que Charles m'aura appelée…

Dominique - Dommage ! J'espère qu'on se reverra…

Gilda - Mais oui… Pourquoi on ne se reverrait pas ?

Dominique - Ben, après la nuit que tu viens de passer, tu n'as peut-être plus tellement envie de le revoir, Alain…

Gilda - Mais si… Je vais lui donner encore une chance…

Dominique - Tu es trop bonne ! Tu entends, Alain ?

Alain - Quoi ?

Dominique - Gilda veut bien te revoir… Tu es content ?

Alain - Ben… c'est-à-dire que…

Dominique - Que quoi ?

Gilda - Laisse-le… Il ne faut pas le perturber… Pour l'instant, il n'a que sa Sylvie en tête. Hein, Alain ?

Alain - Mais non !

Gilda - Mais si !

Dominique - Eh bien, je te trouve bien bonne de t'intéresser à lui alors qu'il pense à une autre… Il y a quelque chose qui m'échappe, là ! Au fait, comment est-elle cette fameuse Sylvie ?

Gilda - Pas mal… Franchement, pas mal… Je ne sais pas si c'est vraiment la femme qu'il lui faut, mais elle n'est pas mal… Et toi, ton toubib ?

Dominique - Tu es au courant ?

Gilda - Eh oui ! Il m'a tout raconté !

DOMINIQUE *(à Alain)* - Tu pourrais quand même être un peu plus discret, Alain !

GILDA - Mais il parle de toi tout le temps ! Il t'adore… Et avec moi, ça ne prête pas à conséquence… Ça te gêne vraiment ?

DOMINIQUE - Non, parce que je te trouve très sympa… Mais si ce n'était pas toi…

GILDA - Alors tout va bien… Et ça marche bien avec le toubib ?

DOMINIQUE - Très bien… J'ai l'impression que cette fois-ci c'est la bonne…

GILDA - Bravo ! Comment il s'appelle ?

DOMINIQUE - Richard…

GILDA - Richard ! Oh ! j'adore ce prénom ! Eh bien, si tu crois que cette fois-ci c'est la bonne, il faut larguer Maxim !

DOMINIQUE - Ah ! parce que Maxim aussi, tu es au courant ?

GILDA - Mais oui ! Il m'a tout raconté, je te dis !

DOMINIQUE - Vraiment, tu exagères, Alain…

ALAIN - Mais non ! Elle vient de te le dire ! Avec elle, ça ne prête pas à conséquence !

DOMINIQUE *(à Gilda)* - Larguer Maxim ! Impossible… Ça fait deux ans que j'essaye !

GILDA - Dommage que je ne puisse pas rester plus longtemps. Je t'en aurais débarrassé, moi !

DOMINIQUE - Comment ?

GILDA - Ah ! ça, je ne sais pas ! Il faudrait d'abord que je voie la bête !

DOMINIQUE - Eh bien, tu me rendrais un fier service parce que je ne sais pas comment je vais m'en sortir… Il ne sait pas que je suis à Paris. Il me croit toujours à Vaison-la-Romaine chez mes parents et j'ai coupé mon portable tellement il me harcèle au téléphone…

Le téléphone posé sur le bar sonne.

ALAIN *(décrochant)* - Allô! (…) Oui… (…) C'est moi… (…) Quoi?! (…) Une seconde… *(Il met la main sur le téléphone)* C'est lui…

GILDA - Charles?

ALAIN - Non… Maxim!

DOMINIQUE - Quoi?!

ALAIN - Qu'est-ce que je fais?

DOMINIQUE - Ne réponds pas…

ALAIN - Trop tard…

GILDA - Eh oui! Tu lui dis qu'elle n'est pas là, hein?

DOMINIQUE - Ah non! Je ne suis pas là! Je ne suis pas là!

ALAIN - Ça va… J'ai compris… *(Au téléphone.)* Allô! (…) Oui… (…) Ah non! Elle n'est pas là, désolé… (…) Mais je n'ai aucune nouvelle… (…) Elle m'a appelé avant-hier, mais depuis plus rien… C'est pour son travail que vous voulez la joindre? (…) Non… Ah… En tout cas, si vous avez une commission à lui faire, faites-la-moi, je transmettrai… (…) Pardon? (…) Me voir moi? Ah! mais non! Je ne peux pas vous recevoir… (…) Écoutez, monsieur… Allô! *(Il raccroche.)* Il a raccroché! Mais pourquoi il veut me voir?

DOMINIQUE - Parce qu'il a décidé de passer à l'action…

ALAIN - À l'action?

DOMINIQUE - Oui… Depuis un mois, il n'arrête pas de me dire : « Si tu n'as pas le courage de quitter ton mari, eh bien, je vais aller le voir et je lui raconterai tout… » Voilà… Alors, comme je ne lui réponds plus, il passe à l'attaque!

Le portable de Gilda sonne.

67

ALAIN - Mais il croit toujours que tu me fais garder par une infirmière quand tu quittes Paris…

DOMINIQUE - J'ai l'impression qu'il y croit de moins en moins…

GILDA - Taisez-vous ! *(Au téléphone.)* Mais articule, je ne comprends pas un mot de ce que tu dis ! (…) Quoi ?! Mais pourquoi ne l'en as-tu pas empêchée ? (…) Oh là là ! (…) Non, tu ne bouges pas… Tu m'attends… (…) À tout de suite… *(Elle raccroche.)* Elle arrive.

ALAIN - Sylvie ?

GILDA - Non… Claire…

ALAIN - Ah bon… Quoi ?!

GILDA - Elle ne croit pas un mot de ce que lui a raconté Charles… Elle veut vérifier !

ALAIN - Eh ben, voilà… Rien ne va plus… Tout se déglingue… Rien ne va plus…

DOMINIQUE - Mais calme-toi ! Qu'est-ce que Charles lui a raconté ?

GILDA - Que tu étais la femme d'Alain et qu'en ce moment vous vous battez comme des chiens parce que tu viens de découvrir qu'Alain était l'amant de sa sœur…

DOMINIQUE - Oh là là ! Quel scénario !

GILDA - Et que même l'infirmière n'arrive pas à vous séparer…

DOMINIQUE - L'infirmière ?

GILDA - Eh oui ! C'est toi qui l'as inventée, moi je m'en sers…

DOMINIQUE - Alors qu'est-ce qu'on fait ?

ALAIN - On s'enferme ! On ne répond pas !

GILDA - Alors elle va rester derrière la porte… C'est pour le coup qu'elle va faire la connaissance de ta Sylvie !

ALAIN - Alors quoi ?

Gilda - On la reçoit !

Alain - Quoi ?!

Gilda - Pas toi… Moi, je vais lui faire voir qu'elle a eu tort de ne pas croire son frère ! Que tout ce qu'il lui a raconté était vrai !

Alain - Mais moi, qu'est-ce que je fais ?

Gilda - Tu disparais dans ta chambre et tu n'en bouges sous aucun prétexte… Toi aussi, Domi : dans la tienne.

Dominique - Mais si jamais Maxim arrive, il faut que je sois là, il faut que j'assume…

Gilda - Il te croit à Vaison-la-Romaine ?

Dominique - Oui…

Gilda - Eh bien, tu assumeras plus tard… Pour l'instant, Vaison-la-Romaine, c'est par là ! *(Elle lui indique sa chambre.)*

Dominique - Tu es sûre ?

Gilda - Mais oui ! Crois-moi, il ne faut pas qu'il te trouve ici.

Dominique - Qu'est-ce que tu vas faire ?

Gilda - Je ne le sais pas encore ! *(On sonne.)* Attention, c'est parti… Voilà ma cliente…

Alain - Tu fais vite, hein… Il ne faudrait pas…

Gilda - Merde !

Alain - Ah bon !

Gilda - Sortez ! Vite !

Alain et Dominique disparaissent… Elle ouvre la porte… Claire, affolée, entre en courant.

Claire - Où sont-ils ? Mais où sont-ils ?

Gilda - Qui ça ?

Claire - Mais Alain ! Alain et sa femme ! Charles m'a dit qu'ils se battaient comme des chiens !

Gilda - Ah oui ! C'est vrai... Mais ça y est, c'est fini... Ils ne se battent plus...

Claire - Ils ne se battent plus ?

Gilda - Mais non !

Claire - Pourquoi ?

Gilda - Parce qu'elle l'a assommé !

Claire - Assommé ?

Gilda - Oui... Il est dans sa chambre... Il récupère... *(Elle lui montre un morceau du vase brisé.)* Tenez... Vous voyez... Elle l'a assommé avec ça... Un vase du 13e...

Claire - Du 13e siècle ?

Gilda - Non... Arrondissement... Quartier chinois... Porte d'Italie...

Claire - Mais c'est épouvantable !

Gilda - Non, c'est une copie... Ça ne vaut pas une fortune...

Claire - Mais je ne vous parle pas de ça !

Gilda - Ah bon ! Pardon... Je croyais...

Claire - Mais elle, où est-elle ?

Gilda - Dans sa chambre...

Claire - Je veux la voir ! Il faut que je lui parle...

Gilda - Pour lui dire quoi ?

Claire - Que j'aime Alain autant qu'il m'aime, que nous voulons vivre ensemble, que rien ne pourra nous séparer, même pas elle, que sa dépression soit terminée où pas... *(Elle se dirige vers la chambre.)*

GILDA - Trop tard ! Il fallait venir plus tôt… Maintenant, elle dort !

CLAIRE - Elle dort ?

GILDA - Eh oui ! Je l'ai piquée pour la calmer !

CLAIRE - Alors c'est vous l'infirmière ?

GILDA - Oui… Pourquoi ?

CLAIRE - Parce que Charles m'a parlé d'une infirmière qui ne voulait pas être dérangée… Et je ne l'ai pas cru…

GILDA - Et c'est pour ça que vous m'avez dérangée ?

CLAIRE - Je suis désolée… Excusez-moi !

GILDA - C'est pas grave… Asseyez-vous…

CLAIRE - Mais elle est vraiment dépressive ?

GILDA - Holà ! Plus que jamais… Et hystérique en plus…

CLAIRE - Hystérique ?

GILDA - Ah oui ! Et nymphomane aussi !

CLAIRE - Nympho ?!

GILDA - … mane… Oui… Complètement nymphomane et un petit peu bi…

CLAIRE - Bi ?

GILDA - Bisexuelle… Oui…

CLAIRE - Mais comment Alain a-t-il pu accepter de vivre avec une femme comme ça ?

GILDA - Ah ! mais elle n'était pas comme ça quand il l'a connue !

CLAIRE - Elle n'était pas comme ça ?

GILDA - Mais non ! C'est à cause d'Alain si elle est devenue comme ça !

CLAIRE - Mais qu'est-ce que vous racontez ?

GILDA - La vérité ! Je l'avais prévenu, mais il ne m'a pas écoutée… Je lui avais dit : « Alain, on n'épouse pas une jeune femme innocente quand on est un obsédé sexuel comme toi ! »

CLAIRE - Alain ?!

GILDA - Mais oui ! Vous ne le saviez pas ?

CLAIRE - Mais non !

GILDA - Vous êtes bien la seule… Moi, je lui disais : « Il faut te soigner. Tu ne peux pas éternellement te jeter sur tout ce qui bouge ! »

CLAIRE - Sur tout ce qui bouge ?

GILDA - Ah oui ! Filles ou garçons, tout y passe !

CLAIRE - Ah non ! Pas les gaga…

GILDA - Les garçons, si ! Tout ce qui bouge, je vous dis.… Même avec le couple d'homosexuels du sixième, on a eu des problèmes…

CLAIRE - Oh non ! C'est pas vrai !

GILDA - Mais si… C'est vrai… Il y en a un qui voulait bien, mais l'autre qui était jaloux, il ne voulait pas. Ils se sont battus sur le palier. Ils ont ameuté tout le quartier… On a frisé l'expulsion ce jour-là… Ça ne va pas ?

CLAIRE - Non… Pas très bien… Vous n'auriez pas quelque chose à boire ?

GILDA - Mais si… Bien sûr… Un petit cognac, ça va vous retaper…

CLAIRE - Je n'en ai jamais bu !

GILDA - Vous allez voir, c'est génial… Ça va vous retaper, je vous dis ! *(Elle lui remplit un verre de cognac.)* Avalez-moi ça… Cul sec… *(Claire avale le verre de cognac cul sec et s'étrangle.)* Alors… C'est pas bon ?

CLAIRE - Si… Mais…

GILDA - Mais quoi ?

CLAIRE - C'est fort…

GILDA - Parce que c'était la première fois… La deuxième ça passera mieux… Vous allez voir… Allez, cul sec…

Claire avale le verre.

CLAIRE - Ah ! c'est…

GILDA - C'est toujours aussi fort ?

CLAIRE - Oui… Mais c'est bon… Ah ! c'est bon !

GILDA - Alors un petit dernier ?

CLAIRE - Ah oui ! Qu'est-ce que c'est bon ! *(Elle avale le troisième verre.)*

GILDA - C'est quand même incroyable que depuis le temps que vous venez ici, vous ne soyez au courant de rien !

CLAIRE - Mais je ne suis venue ici qu'une seule fois, il y a quinze jours !

GILDA - Ah ! alors là, je comprends mieux !

CLAIRE - Quoi ?

GILDA - Il y a quinze jours, il est devenu complètement fou !

CLAIRE - Alain ?

GILDA - Oui… Il avait ramassé une pute à Enghien, il l'a ramenée chez lui, et là il s'est aperçu que c'était un travesti !

CLAIRE - Oh non !

GILDA - Mais si ! Et il en est tombé amoureux fou…

CLAIRE - D'un travesti ?

73

GILDA - Mais oui ! Fille et garçon, les deux en un seul, pour lui c'était le bonheur !

CLAIRE *(tendant son verre)* **-** Encore un… Je n'en peux plus…

GILDA *(la servant)* **-** Faites attention, quand même, parce que quand on n'a pas l'habitude…

CLAIRE - J'm'en fous ! Allez, hop ! Cul sec ! *(Elle commence à avoir du mal à s'exprimer.)* Mais pourquoi il est devenu fou… si pour lui… c'était l'horreur… non… c'était le bonheur ?

GILDA - À cause de sa femme ! Parce qu'elle en est tombée amoureuse aussi…

CLAIRE - Du trivesta… du travesti ?

GILDA - Oui… Et comme Alain refusait de le lui prêter, elle l'a assommé…

CLAIRE - Le travesti ?

GILDA - Non… Alain…

CLAIRE - Mais elle l'assomme tout le temps ?

GILDA - Ah oui ! Dès qu'il fait quelque chose qui ne lui plaît pas, paf ! elle l'assomme ! *(On sonne à la porte.)* Ouh là ! Pourvu que ce ne soit pas Sylvie !

CLAIRE - Le travelo ?

GILDA - C'est ça… Le travelo… Ne bougez pas…

CLAIRE - Oh non ! Veux pas le voir ! Veux voir Charles… Pas le travelo… *(Elle essaye de se lever mais n'y parvient pas.)*

Gilda ouvre la porte. Maxim entre.

GILDA - Monsieur…

MAXIM - Madame…

GILDA - Vous désirez ?

MAXIM - Permettez-moi de me présenter : Maxim Langlois…

GILDA - Ah ! je vois !… Vous tombez mal.

MAXIM - Pardon ?

GILDA - Je dis que vous tombez mal, parce que ce n'est pas le jour pour nous de recevoir des visites !

MAXIM - Je n'en ai pas pour longtemps…

GILDA - Mais vous voulez voir qui ?

MAXIM - Je veux parler à M. Durois… Je sais qu'il est ici, j'ai vérifié…

GILDA - Ah bon…

MAXIM - Oui… J'ai appelé tout à l'heure… C'est lui qui a décroché…

GILDA - Il est ici effectivement, mais je ne pense pas que vous puissiez lui parler maintenant…

MAXIM - Pourquoi ?

GILDA - Entrez, je vais vous expliquer…

MAXIM *(découvrant Claire)* **-** Madame… *(Claire le regarde sans répondre.)*

GILDA *(la désignant)* **-** Madame de Métreux…

MAXIM - Maxim Langlois…

Claire le regarde toujours sans répondre et se tourne vers Gilda.

CLAIRE - C'est le travelo ?

GILDA - Mais non ! *(À Maxim.)* Excusez-la… Elle est encore sous le choc…

MAXIM - Sous le choc ?

GILDA - Oui… Elle vient d'apprendre ce que vous vous savez certainement depuis longtemps…

MAXIM - À quel propos ?

GILDA - À propos d'Alain, mon frère…

MAXIM - Vous êtes la sœur de M. Durois ?

GILDA - Oui… Dominique ne vous l'a pas dit ?

MAXIM - Ah non… Elle m'a parlé d'une infirmière, mais pas d'une sœur ! Vous n'êtes pas l'infirmière ?

GILDA - Mais si !

MAXIM - Ah ! je comprends mieux !

GILDA - Quoi ?

MAXIM - Ça me paraissait bizarre qu'il y ait ici une infirmière en permanence pendant son absence. Mais si vous êtes sa sœur, je comprends mieux…

GILDA - Tant mieux…

MAXIM - Il faut absolument que je lui parle. Cette situation ne peut plus durer !

GILDA - Mais je viens de vous dire que ce n'était pas possible !

MAXIM - Pourquoi ?

GILDA - Je peux compter sur votre discrétion ?

MAXIM - Bien sûr…

GILDA - Venez… *(Elle l'entraîne vers la chambre d'Alain et entrouvre la porte.)*

MAXIM - Mon dieu !

GILDA - Chut ! *(Elle referme la porte.)*

MAXIM - Je comprends… Il a encore fait une tentative de suicide ?

Claire *(se réveillant)* **-** Mais non ! C'est la nympho… la bibi…

Gilda - Ah non ! Écoutez, je vous ai fait des confidences que je n'aurais jamais dû vous faire parce que je vous trouvais sympathique, mais n'oubliez pas que je suis tenue par le secret professionnel ! Alors ne me faites pas regretter de vous avoir fait confiance !

Claire *(ivre)* **-** C'est quand même bien elle qui l'a assommé !

Gilda - Madame, je vous demande de vous taire ! Monsieur n'a pas à entendre ça !

Claire - Pourquoi ? Hein ? Pourquoi moi et pas lui ? Hein ?

Gilda - Parce que monsieur… *(À Maxim.)* Excusez-moi, monsieur est l'amant de Mme Durois… Voilà pourquoi !

Claire - La nympho… bibi… bisexuelle…

Gilda - Oh ! taisez-vous !

Maxim - Qu'est-ce qu'elle a dit là ?

Gilda - Mais rien… Je vous expliquerai plus tard, quand elle sera partie. *(À Claire.)* Allez, il faut partir maintenant…

Claire - Non ! Il faut qu'il le sache que c'est une nymphomane ! Il faut qu'il le sache !

Maxim est placé entre les deux femmes.

Gilda - Mais je vous ai dit que c'était de la faute d'Alain si elle est devenue comme ça !

Claire - C'est quand même pas lui qui la pousse à coucher avec n'importe qui !

Gilda - Eh bien, si, justement, c'est lui ! Il l'oblige à se prostituer, puisque vous voulez tout savoir !

Claire - Mais c'est impossible ! Pourquoi il ferait une chose pareille ?

GILDA - Mais parce qu'il ne s'en sort plus! Il est couvert de dettes! Tout ce qu'il gagne il va le perdre au casino… C'est un malade du jeu! Alors, quand il s'est aperçu que sa femme était très portée sur le sexe, il a décidé d'en tirer profit… Il lui fournit des clients et ils partagent les bénéfices!

CLAIRE - Mais ça s'appelle du pronétexémisme… du protéxénété… misme ce…

GILDA - Exactement… Et quand elle ne lui rapporte pas assez, il l'assomme…

CLAIRE - Lui aussi?

GILDA - Eh oui! Ils s'assomment à tour de rôle!

CLAIRE - Oh non!

GILDA - Eh si! J'aurais bien voulu garder pour moi ce terrible secret de famille que j'essaye d'enfouir depuis des années au plus profond de moi-même, mais je n'en peux plus… Il fallait que ça sorte! Eh bien, voilà, c'est sorti!

MAXIM - Excusez-moi, mais vous ne parlez pas de Dominique, là?

GILDA - Hélas si… Je suis désolée…

MAXIM - Pas tant que moi! Et je ne vous laisserai pas plus longtemps insulter la femme que j'aime! Je la connais depuis deux ans…

GILDA - Moi dix…

MAXIM - Peut-être… Mais vous n'entretenez pas avec elle les mêmes rapports que moi j'entretiens avec elle…

GILDA - Ah non! Ça, j'ai refusé…

MAXIM *(s'énervant)* - Vous avez refusé quoi?

GILDA - Avec moi aussi, elle a essayé… Mais j'ai refusé. Quelle horreur! Coucher avec une femme! Et en plus avec ma belle-sœur… J'ai pas pu!

MAXIM - Ah non ! Ça suffit ! Arrêtez ! Arrêtez immédiatement de diffamer cette femme merveilleuse qui est incapable de faire le dixième de tout ce que vous racontez ! Dominique, c'est la grâce, la bonté, l'intelligence, la douceur même…

CLAIRE - La douceur ?

MAXIM - Parfaitement !

CLAIRE *(montrant le vase)* **-** Elle l'a massacré avec un vase du 13e arrondissement parce qu'il avait refusé de lui prêter le travelo qu'il avait ramené d'Enghien et qu'il voulait se le taper tout seul. Vous appelez ça de la douceur, vous ?

MAXIM - Assez ! Ça suffit maintenant ! Arrêtez de délirer, toutes les deux ! Elle est à Vaison-la-Romaine depuis quinze jours ! Comment aurait-elle pu commettre une agression pareille ?

CLAIRE - Depuis quinze jours ?

MAXIM - Mais oui !

CLAIRE - Et vous la croyez ?

MAXIM - Mais elle est incapable du moindre mensonge ! Je la connais par cœur, alors arrêtez ce cirque et dites-moi ce qui se passe ici !

GILDA - Calmez-vous, monsieur, vous allez la réveiller !

MAXIM - La réveiller ?!

GILDA - Oui… J'ai été obligée de lui faire une piqûre pour la calmer…

CLAIRE *(riant dans son ivresse)* **-** Ah ! ah ! ah ! Elle a piqué la gousse ! Ah ! ah ! ah !

GILDA - Mais taisez-vous !

MAXIM - Une piqûre ?

GILDA - Mais oui ! Et il vaut mieux qu'elle ne se réveille pas. Je serais obligée de lui en faire une autre !

MAXIM *(calme)* **-** Elle a assommé son mari et vous lui avez fait une piqûre, c'est bien ça ?

GILDA - Oui…

MAXIM - Donc elle est ici ?

GILDA - Eh oui !

MAXIM - Où ça ?

GILDA *(indiquant la chambre)* **-** Dans sa chambre.

MAXIM - Vous permettez ?

GILDA - Mais je vous en prie. Suivez-moi. *(Elle se dirige vers la porte de la chambre qu'elle va ouvrir.)*

MAXIM *(la suivant)* **-** Il est temps d'éclaircir cette histoire…

GILDA - Absolument… Éclaircissons !

CLAIRE - C'est ça… éclairsaucisson… euh… éclairssissonsau… Voyons ça !

> *Gilda ouvre la porte et s'efface… On comprend que Maxim voit Dominique allongée et immobile… Après quelques secondes, il revient au centre du salon et s'assied… Gilda a refermé la porte et l'a rejoint.*

MAXIM *(désignant les bouteilles de cognac)* **-** Vous permettez ?

GILDA - Bien sûr… Je vais vous chercher un verre…

MAXIM - Pas la peine… *(Il attrape la bouteille et boit au goulot.)*

GILDA - Eh ben, on voit que vous avez l'habitude !

MAXIM - J'avais…

GILDA - Pardon ?

MAXIM - Je dis : j'avais l'habitude… Avant que je rencontre Dominique, une bouteille comme ça ne me faisait pas deux jours !

Mais grâce à elle, j'avais arrêté… Parce qu'elle ne supportait pas que je boive ! J'avais arrêté de fumer aussi, parce que ça non plus, elle ne le supportait pas… J'avais tout arrêté… Grâce à elle… Et aujourd'hui, je vais tout recommencer… À cause d'elle…

GILDA - Ah non ! Il ne faut pas !

MAXIM - Ah si ! Il faut ! Comment pourrais-je vivre normalement maintenant que je découvre que je vivais avec un monstre alors que je croyais vivre avec une sainte ? Il n'y a que l'alcool qui va pouvoir m'aider à supporter ce que je viens de découvrir…

CLAIRE - Moi aussi… Il n'y a que la colle… C'est la colle qui va m'aider…

MAXIM - T'as raison… La colle aussi… Le hasch… La coke… Le L.S.D… Tout ce qui va me tomber sous la main…

CLAIRE - T'as raison, Maxou… Moi aussi, il va me falloir tout ça pour m'aider à oublier que je vivais avec un pronetex… un protex…

MAXIM - Un mac, quoi !

CLAIRE - C'est ça, Maxou… C'est toi qui l'as dit, bouffi ! Maxou, est-ce que tu m'aimes ? Est-ce que je te plais ?

GILDA - Mais oui, vous lui plaisez… Ça se voit tout de suite que vous lui plaisez…

CLAIRE - C'est vrai, Maxou ?

MAXIM *(à Gilda)* - Ah non ! Pas du tout !

CLAIRE - Mais si ! Faites ça pour moi, autrement elle ne partira jamais !

MAXIM - Mais vous ne voulez quand même pas que je la ramène ?

CLAIRE - Qu'est-ce qu'il dit Maxou ?

GILDA - Il dit qu'il aimerait bien vous ramener !

Maxim - Ah ! mais non !

Gilda - Mais si !

Claire - C'est vrai, Maxou ? Tu veux bien me ramener ?

Gilda - Mais oui ! Il en rêve ! Hein, Maxou ?

Maxim - Ah non ! C'est pas un rêve ! C'est un cauchemar !

Gilda *(lui tendant sa carte)* **-** Tiens… Appelle-moi si un jour tu te sens trop seul…

Maxim - C'est vrai ?

Gilda - Oui, si tu la ramènes !

Maxim - Alors là, c'est d'accord…

Claire - Qu'est-ce qu'il dit Maxi… Xamou… Maxou ?

Gilda - Il dit qu'il est d'accord ! Allez ! Zou ! Tout le monde dehors !

Claire - Oh oui ! Plus vite on sera parti, plus vite on va s'aimer !

Maxim *(à Gilda)* **-** Mais quelle horreur !

Claire - Qu'est-ce qu'il dit ?

Gilda - Quel bonheur !… Hein, Maxou ? Quel bonheur !

Maxim - D'avoir ta carte… Ah oui… Ça c'est le bonheur… Allez, viens ma belle…

> *Il entraîne Claire vers la sortie en la portant presque. Gilda va lui ouvrir la porte… Claire se met à chanter…*

Claire - « C'est la lutte finale… »

Maxim - Eh ben, il ne manquait plus que ça… Allez, au revoir… À bientôt, j'espère…

> *Maxim sort tandis que Claire continue à hurler l'Internationale. Alain et Dominique sortent de leur chambre respective en l'applaudissant.*

ALAIN - Bravo… Alors là… Bravo…

DOMINIQUE - Ah oui ! Plus que bravo ! Là, je n'en reviens pas… Non seulement tu me débarrasses de Maxim, mais en plus tu débarrasses Alain de sa grande cruche… Il faut vraiment qu'elle soit débile pour avoir avalé tout ça !

ALAIN - Parce que tu crois que ton Maxim est plus malin ?

DOMINIQUE - C'est vrai… Tu as raison… Encore bravo pour le coup double !

GILDA - Bon, eh bien, je crois qu'il est temps que je vous laisse !

DOMINIQUE - Ah non ! C'est trop bête ! Tu ne peux pas rester encore un peu ?

GILDA - Eh non ! Il y a Charles qui m'attend…

ALAIN - Mais oui ! C'est vrai !

GILDA - Il faut que je finisse le travail…

ALAIN - Eh oui ! Dépêche-toi ! Il ne faudrait pas qu'il tombe sur Sylvie !

DOMINIQUE - Quel travail ?

GILDA *(à Alain)* - On lui dit ?

ALAIN - Non !

DOMINIQUE - Pourquoi ?

ALAIN - Mais parce que…

GILDA - Parce que ça le gêne, le pauvre chéri… Hein, Alain, ça te gêne ?

DOMINIQUE - Qu'est-ce qui t'arrive, Alain ? C'est la première fois que tu me caches quelque chose…

ALAIN - Je t'expliquerai plus tard…

DOMINIQUE - J'espère bien…

GILDA - Allez, on se fait la bise ?

DOMINIQUE - Bien sûr ! Au revoir Gilda…

GILDA - Au revoir Dominique… *(À Alain.)* Tu ne perds pas ma carte, hein ?

ALAIN - Mais non… Juré… Merci pour tout… *(On sonne à la porte.)* Oh !… Qu'est-ce que c'est encore ?

CHARLES *(off et tapant à la porte)* **-** Gilda ! Ouvre ! C'est moi, Charles !

ALAIN - Oh non ! Encore lui ! Mais pourquoi il revient ?

CHARLES *(off)* **-** Gildaaaaa !!!

GILDA - Parce qu'il a peur que je ne tienne pas ma promesse, alors il vient me chercher…

DOMINIQUE - Quelle promesse ?

ALAIN - Plus tard…

CHARLES *(off)* **-** Gildaaaa ! Tu m'entends ?

GILDA - Bon, eh bien, quand il faut y aller, faut y aller…

ALAIN - Ah non ! Tu ne vas pas le suivre !

GILDA - Mais si… Autrement, il ne va plus me lâcher…

CHARLES *(off)* **-** Gildaaaaa !!!

ALAIN - Laisse-moi faire… Je vais t'en débarrasser…

GILDA - Ça m'étonnerait…

ALAIN - Mais si ! Tu vas voir…

CHARLES *(tapant toujours)* **-** Gildaaaa !!

ALAIN - Ta gueule !… Dominique, il vaut mieux que tu n'assistes pas à ça !

DOMINIQUE - Pourquoi ?

ALAIN - Plus tard… Je t'expliquerai plus tard…

DOMINIQUE - Bon, d'accord… Je vais en profiter pour défaire mes bagages, je n'ai pas encore eu le temps…

ALAIN - C'est ça… Va vite… Et prends tout ton temps…

DOMINIQUE - À tout à l'heure !

ALAIN - C'est ça… À tout à l'heure.

Dominique sort.

CHARLES *(off)* **-** Gildaaaa !!!

ALAIN - Merde !!!

Alain va ouvrir.

CHARLES - Qu'est-ce que vous avez dit ?

ALAIN - Merde ! Je vous ai dit : merde !

CHARLES - Ah bon ! Je n'étais pas sûr ! Et pourquoi vous me parlez comme ça ?

ALAIN - Parce que vous n'avez rien à faire ici ! Vous deviez attendre en bas ! Pourquoi n'êtes-vous pas en bas ?

CHARLES - Attendre en bas ? Après ce que je viens de voir et d'entendre… Ma sœur, complètement ivre, embrassant un type aussi bourré qu'elle et qui ameutent tout le quartier en hurlant l'Internationale ! Qu'est-ce que vous lui avez fait pour qu'elle soit dans un état pareil, hein ? Qu'est-ce que vous lui avez fait ?

ALAIN - Eh ! Calmez-vous ! Ce n'est pas de notre faute si elle a avalé une bouteille de cognac !

CHARLES - Mais elle n'a jamais bu une goutte d'alcool de sa vie !

GILDA - Eh bien, là, elle s'est bien rattrapée !

ALAIN - Ah oui ! Elle a fait le plein pour toute l'année…

CHARLES - Mais c'est épouvantable !

GILDA - Mais non ! Et puis ça a l'air de bien marcher avec Maxim… Ça devrait te rassurer, ça !

CHARLES - Parce que vous croyez que je vais la laisser refaire sa vie avec un ivrogne ?

ALAIN - Ça, c'est son problème ! Alors, maintenant, si vous vouliez avoir la gentillesse de partir d'ici le plus vite possible, ça m'arrangerait.

CHARLES - Sans elle ? Pas question ! Il faut qu'elle tienne sa parole, sinon je ne bouge pas d'ici !

GILDA - Je te signale que toi, tu n'as pas tenu la tienne !

CHARLES - Quoi ?

GILDA - Eh non ! Tu devais m'attendre en bas et ne pas bouger !

ALAIN - Exact ! Après avoir viré votre sœur… Résultat : vous ne l'avez pas virée, elle est montée et vous aussi… Alors, dehors ! Ouste !

CHARLES - Ah non ! *(À Gilda.)* Tu ne vas pas me faire ça ! Dis-moi que tu ne vas pas me faire ça !

GILDA - Mais non ! Allez, viens…

CHARLES - Ah ! quand même !

ALAIN - Non ! Une seconde…

CHARLES - Ah non !

ALAIN - Ah si ! Et ma femme ?

CHARLES - Vous voulez que je l'embarque aussi ?

ALAIN - Mais non ! Mais quel crétin ! Elle a besoin de Gilda, ma femme !

CHARLES - Quoi ?!

ALAIN - Eh oui ! À cause de vous, elle a replongé… Parce que le coup du vieux copain que j'avais perdu de vue depuis des années, elle ne l'a pas cru… Alors, après que vous êtes descendu, je lui ai tout avoué et elle a replongé… Et Gilda l'a piquée et maintenant elle doit la surveiller parce que Gilda, c'est son infirmière…

CHARLES - Vous n'avez qu'à en appeler une autre ! C'est pas les infirmières qui manquent !

ALAIN - Si, monsieur ! En ce moment, on en manque énormément ! On est obligé d'en faire venir d'Espagne et on ne comprend pas un mot de ce qu'elles racontent !

CHARLES - Alors surveillez-la vous-même ! *(À Gilda.)* Tu viens ou je fais un malheur !

ALAIN - Mais c'est qu'il la frapperait, ce cinglé ! Halte-là ! Vous ne pensez tout de même pas que je vais laisser partir ma sœur avec vous dans l'état où vous êtes !

CHARLES - Mais elle est majeure, votre sœur, et elle est assez grande pour se défendre toute seule… Et puis, je ne veux pas la frapper, je veux la…

ALAIN - Ah non ! Taisez-vous ! Mais quelle horreur ! Mais vous êtes un vrai chien ! Et je ne la laisserai pas partir avec un chien ! Majeure ou pas, elle est sous ma protection !

CHARLES - J'en ai marre ! Je compte jusqu'à trois et après…

DOMINIQUE *(sortant de sa chambre)* **-** Et après quoi ?

CHARLES - Pardon !

DOMINIQUE *(à Gilda)* **-** Je prends le relais…

GILDA - Ah ! merci !

DOMINIQUE - Alors, qu'est-ce qui va se passer quand tu auras compté jusqu'à trois, hein ? Vas-y, je t'écoute… Qu'est-ce qui va se passer ?

CHARLES - Mais…

DOMINIQUE - Mais quoi ? Tu ne penses pas que tu as assez foutu la pagaille ici depuis ce matin ?

CHARLES - Moi ?

GILDA et **ALAIN -** Ah oui ! Toi !

DOMINIQUE - Toi et ta sœur !

GILDA ET ALAIN - Ah oui ! Toi et ta sœur !

DOMINIQUE - Ta sœur que tu as amenée ici pour qu'Alain me quitte et qu'il parte avec elle ! C'est bien ça, hein ?

CHARLES - Mais non ! C'est lui qui disait à Claire qu'il voulait vous quitter !

DOMINIQUE - Me quitter moi ?

CHARLES - Mais oui ! *(À Alain.)* Hein, c'est vous ?

ALAIN - Mais jamais de la vie ! Oh ! le menteur !

CHARLES - Moi ?

ALAIN ET GILDA - Ah oui ! Oh ! le menteur !

DOMINIQUE - Mais, pauvre larve, il ne peut pas me quitter, Alain ! Et tu sais pourquoi ?

CHARLES - Non !

DOMINIQUE - Parce qu'il ne peut pas se passer de moi ! Et tu sais pourquoi ?

CHARLES - Non…

DOMINIQUE - Parce que je suis la seule femme capable de supporter ses turpitudes ! Tous les jours une nouvelle… Hier c'était ta sœur, aujourd'hui c'est la sienne !

CHARLES - La sienne ?

DOMINIQUE - Eh oui! Il est très porté sur les sœurs… Et il a profité de ce que je me suis absentée huit jours pour tomber amoureux d'elle!

CHARLES - De sa sœur?

DOMINIQUE - Eh oui!

CHARLES - Mais c'est l'horreur!

DOMINIQUE - Eh oui! Et ils viennent de passer la nuit ensemble!

CHARLES - Oh non! C'est pas vrai!

ALAIN - Mais si, c'est vrai!

CHARLES *(à Gilda)* **-** C'est vrai?

GILDA - Ah oui! Toute la nuit!

DOMINIQUE - Et toi, tu n'as rien vu parce que tu as les yeux remplis de mazout dans ton costume d'opérette!

CHARLES - C'est effrayant!

DOMINIQUE - Absolument!

CHARLES - Je savais que le monde était un égout sans fond, mais jamais je n'aurais imaginé…

DOMINIQUE - … qu'il y avait un double fond? Eh bien, si… Et voilà pourquoi elle ne partira pas avec toi… Allez, sauve-toi.

ALAIN ET GILDA - Oh oui! Sauve-toi! Sauve-toi!

CHARLES - Non! C'est elle que je vais sauver!

GILDA, ALAIN ET DOMINIQUE - Quoi?!

CHARLES - Oui… Je vais la sortir de ce bourbier infâme dans lequel elle est engluée!

ALAIN - Mais on ne s'en débarrassera jamais!

CHARLES - Plus tard, elle me remerciera! Quand elle l'aura oublié! Parce que je vais te le faire oublier ce salaud, ce fumier, cette crapule qui t'a entraînée dans l'inceste… Ce qui t'aurait fatalement entraînée dans la dépression et de la dépression peut-être dans la prostitution…

GILDA - Ah non ! Ça, c'est déjà fait !

CHARLES - Déjà ?

GILDA - Eh oui ! Désolée mon petit Charles, mais c'est la vérité ! Je suis une prostituée !

CHARLES - C'est pas vrai ! Dis-moi que ce n'est pas vrai !

GILDA - Mais si !

ALAIN - Ça y est ! Ce coup-là, il en est vraiment dégoûté !

GILDA, ALAIN ET DOMINIQUE - Allez, sauve-toi… Sauve-toi…

CHARLES - Combien ?

GILDA - Depuis combien de temps ?

CHARLES - Non… Combien tu prends ?

ALAIN - Mais il ne partira jamais !

GILDA - Laisse tomber, Charles, c'est pas dans tes prix !

CHARLES - Ça m'étonnerait ! J'appartiens à l'une des plus vieilles familles de France et je dispose d'une très grosse fortune personnelle.

GILDA - Tiens !

CHARLES - Eh oui ! Alors, combien ?

ALAIN - Mais ne lui réponds pas !

GILDA - Tu permets ? *(À Dominique.)* Ah ! celui là ! Quand est-ce qu'il comprendra quelque chose aux affaires ?

CHARLES - Combien ?

GILDA - Six cents euros…

CHARLES - Pour la nuit ?

GILDA - Non… Pour une heure !

CHARLES - Et pour la nuit ?

GILDA - Alors là, j'ai un tarif dégressif… Mais ça tourne quand même autour de deux mille euros !

CHARLES - Je double… Quatre mille…

GILDA - Quatre mille euros ?!

CHARLES - Mais oui ! Je te dis que j'ai une fortune personnelle !

ALAIN - Mais on ne va jamais s'en sortir avec celui-là !

CHARLES - Alors ?

GILDA - C'est tentant…

ALAIN *(choqué)* **-** Oh !!! Gilda !

DOMINIQUE - Elle a raison… C'est tentant !

ALAIN - Oh !!! Dominique ! Tu ne vas pas t'y mettre toi aussi !

DOMINIQUE - Non, mais c'est un fantasme que j'ai toujours eu… Savoir combien un homme serait prêt à me donner pour passer une nuit avec moi !

ALAIN - Bravo !

DOMINIQUE - Mais je ne suis pas la seule ! J'en connais beaucoup qui ont le même fantasme que moi…

GILDA - Je pense bien… C'est même comme ça que j'ai commencé…

CHARLES - Alors, on y va ?

GILDA - Désolée mon petit Charles, mais tu arrives trop tard…

CHARLES - Quoi ?!

GILDA - Eh oui ! Il fallait me rencontrer plus tôt !

CHARLES - Comment ça, plus tôt ?

GILDA - Eh oui ! Parce que mon dernier client, je l'ai fait hier…

CHARLES - Hier ?

GILDA - Eh oui ! *(Elle montre Alain.)* Et c'était lui… Et il a fallu que je me force…

ALAIN - Quoi ?!

GILDA - Eh oui ! Quand je suis amoureuse, j'ai du mal à pratiquer… Et j'étais amoureuse…

CHARLES - Ah non ! Tu ne vas pas me faire ça ! Ah non ! Si tu t'es forcée hier avec lui, eh bien, tu vas encore te forcer aujourd'hui avec moi ! Y'a pas de raison !

GILDA - Non, je t'assure… Je n'aurai pas le cœur à l'ouvrage !

CHARLES - Mais je m'en fous que tu n'aies pas le cœur à l'ouvrage ! C'est pas ton cœur qui m'intéresse !

ALAIN - Oh ! mais c'est une bête !

CHARLES - Quoi ?

ALAIN - Un peu de tenue, s'il vous plaît ! C'est vraiment pas la classe dans la Marine française !

CHARLES - Vous savez ce qu'elle vous dit la Marine française ?

ALAIN - Je m'en doute…

CHARLES - Alors fermez-la ! C'est facile pour vous… Vous venez de passer la nuit avec elle et ce soir vous allez passer la nuit avec l'autre… Comment elle s'appelle, déjà, l'avocate ?

GILDA ET DOMINIQUE - Sylvie !

CHARLES - C'est ça ! Et elle est gironde aussi, celle-là… Elle aussi, je lui refilerais bien quatre mille euros ! *(À Dominique.)* Et à vous aussi !

DOMINIQUE - C'est vrai ?

CHARLES - Mais oui ! Pourquoi ? Ça vous intéresse ?

DOMINIQUE - Ah non ! Désolée, mais moi aussi je suis amoureuse en ce moment !

CHARLES - Mais qu'est-ce qui m'arrive, moi ? Qu'est-ce qui m'arrive ? Six mois en mer et je vais remonter sur mon bateau avec mes quatre mille euros ! J'ai fait trois fois le tour du monde... J'en ai vu des trucs, mais ça jamais... Jamais j'ai vu ça !

GILDA - Tu veux que je t'appelle une copine ?

CHARLES - Quoi ?

GILDA - À ce prix-là, je t'amène tout un régiment, moi !

CHARLES - Tu peux te le garder ton régiment ! Je suis assez grand pour me débrouiller tout seul... Allez, salut tout le monde... *(Il passe devant Sylvie qui vient d'entrer. La porte était restée entrouverte depuis l'arrivée de Charles. À Sylvie.)* Au revoir madame...

SYLVIE - Une seconde ! *(Elle le retient par le bras.)*

ALAIN *(qui ne l'a pas vue entrer)* **-** Ah non ! Pour une fois qu'il est d'accord pour foutre le camp, tu ne vas pas... *(Il réalise.)* Sylvie ! Mais qu'est-ce que tu fais là ?

SYLVIE - Ce que je fais là ?

ALAIN - Oui... Non... Enfin... Je veux dire, il y a combien de temps que tu es là ?

SYLVIE - Un bon moment...

ALAIN - Un bon moment ?

SYLVIE - Oui... J'étais derrière la porte qui était entrouverte... Je n'en ai pas perdu une miette !

ALAIN - Je suis désolé... Je vais t'expliquer...

SYLVIE - Mais expliquer quoi, puisque j'ai tout entendu ? Tu n'as plus rien à expliquer...

CHARLES - Dites, si vous pouviez me lâcher, ça m'arrangerait, parce que…

SYLVIE - Une seconde… *(Elle le tient toujours. À Alain.)* Je me suis toujours plantée, Alain, avec tous les hommes que j'ai rencontrés ! Toujours… C'est pour ça que je me méfiais de toi ! Pourquoi serais-tu différent des autres ?… Tu ne l'es pas… Et comme j'ai tout entendu, ça va m'éviter de me planter encore une fois… Mais ça fait deux ans que je n'ai pas serré un homme dans mes bras pour le plaisir… Rien que pour le plaisir… Et j'en ai envie… Si tu savais comme j'en ai envie… Alors, rencontrer quelqu'un qui n'est pas désagréable à regarder et qui est prêt à me payer pour ça, je ne vois pas pourquoi je serais assez conne pour refuser ! *(Elle regarde Charles.)* C'est toujours d'accord ?

CHARLES *(perdu)* **-** Quoi ?

SYLVIE - Les quatre mille euros ! Vous avez bien dit que vous étiez prêt à me les donner à moi aussi ?

CHARLES *(réalisant)* **-** Hein ? Ah oui ! Ah oui !

SYLVIE - Eh bien, c'est d'accord !

CHARLES - Ah ! quand même ! Mais à une condition.

SYLVIE - Laquelle ?

CHARLES - On y va tout de suite !!!

SYLVIE - D'accord ! Au revoir Alain…

CHARLES - Non, ne lui dites pas au revoir ! Plus rien ! Il serait capable de trouver encore des arguments pour vous empêcher de partir !

SYLVIE - Tu as raison… Viens, Charles… *(Elle sort.)*

CHARLES - Bravo ! Ah ça ! Bravo ! Anfin une ! Et c'est pas n'importe qui… Vous avez vu ? C'est la classe ça…

94

SYLVIE *(off)* **-** Charles, tu viens ?

CHARLES - Tout de suite… J'arrive… Comment elle s'appelle, déjà ?

DOMINIQUE ET GILDA - Sylvie…

CHARLES - Ah oui ! C'est ça ! Allez… Salut tout le monde… J'arrive, Sophie.

TOUS - Mais non ! Pas Sophie… Sylvie !

CHARLES - J'm'en fous… C'est pas son nom qui m'intéresse… J'arrive, mon amour ! *(Il sort.)*

GILDA - Après six mois en mer, elle va être gâtée ! Plus quatre mille euros ! Elle n'est pas près de l'oublier cette journée !

> *Alain est effondré sur son siège.*
> *Le portable de Dominique sonne.*

DOMINIQUE - C'est Richard…

GILDA - À lui aussi tu lui as raconté que tu étais mariée ?

DOMINIQUE - Eh oui ! On ne sait jamais ! *(Elle décrochee.)* Salut Richard ! Ça va ? (…) Moi aussi… (…) Mais si, je peux. Mais rappelle-moi dans cinq minutes. D'accord ? (…) À tout de suite…

GILDA - Si tu es sûre que c'est le bon, il faut lui dire la vérité.

DOMINIQUE - Tu crois ?

GILDA - Mais oui ! Rien que la vérité. Hein, Alain ?… Eh bien, tu en fais une tête ! C'est d'avoir perdu ta Sylvie qui te met dans cet état ?

DOMINIQUE - Mais non ! Il s'en fout de Sylvie !

GILDA - Je ne crois pas…

DOMINIQUE - Mais si ! Depuis qu'il a cru que tu allais partir avec Charles, il a tout fait pour t'en empêcher ! Il s'en fout complètement de Sylvie ! C'est toi qu'il aime, ma vieille !

ALAIN - Ah non ! Tu arrêtes, maintenant, ils sont partis… Alors, change de disque, s'il te plaît !

DOMINIQUE - Désolée, mais c'est la vérité !

ALAIN - Mais tu es folle ! Tu es complètement folle !

DOMINIQUE - Pourquoi ?

ALAIN - Pourquoi ? Mais parce que on ne peut pas tomber amoureux d'une fille comme ça ! C'est impossible ! En tout cas, pas moi !

DOMINIQUE - Pourquoi ?

ALAIN - Mais parce que… Mais parce que… Bon… Je voulais te le dire plus tard, quand elle serait partie, mais autant que tu le saches tout de suite… Voilà… Gilda…

DOMINIQUE - Eh bien, quoi, Gilda ? Accouche !

ALAIN - Tu veux savoir ce qu'elle fait dans la vie… pour la gagner… sa vie… Tu veux le savoir ?

DOMINIQUE - Mais elle l'a dit tout à l'heure !

ALAIN - Oui, mais tu ne l'as pas crue ! Tu as cru qu'elle inventait ça juste pour faire partir Charles, hein ? C'est ça que tu as cru ?

DOMINIQUE - Mais pas du tout ! Depuis que tu me l'as présentée, j'ai su ce qu'elle faisait !

ALAIN - Tu le savais ?

DOMINIQUE - Mais oui ! Chaque fois que tu rencontres une fille, tu m'en parles pendant des jours et des jours ! Et Gilda, que tu avais soi-disant perdue de vue depuis deux ans, pas un mot… Un canon comme elle ! Mais c'était pas vraisemblable…

ALAIN - Mais alors… puisque tu le sais, comment peux-tu imaginer que je puisse aimer une fille comme ça ?

DOMINIQUE - Mais parce que ça crève les yeux !

ALAIN - Quoi ?!

DOMINIQUE - Mais oui ! Tu l'aimes, mon vieux ! Tu l'aimes !

ALAIN - Mais qu'est-ce que tu veux, à la fin ? Que je finisse ma vie avec elle ? C'est ça que tu veux ?

DOMINIQUE - Pourquoi pas !

ALAIN - Mais je rêve, là ! Je rêve ! Moi, je serais tombé amoureux d'une fille qui fait ce qu'elle fait et qui, en plus, s'est forcée pour passer la nuit avec moi ? À ce prix-là ? Tu l'as entendue tout à l'heure : elle s'est forcée, madame, parce que quand elle est amoureuse, elle ne peut plus pratiquer… Et en ce moment elle est amoureuse, madame ! *(À Gilda.)* Au fait, qui c'est ?

GILDA - Qui ça ?

ALAIN - Le type dont tu es tombée amoureuse ! Hein ? Qui c'est ? Je veux savoir qui c'est !

DOMINIQUE - C'est pas une scène de jalousie qu'il est en train de te faire, là ?

GILDA - On dirait !

ALAIN - Une scène de jalousie, moi ? Pour une fille comme ça ? Eh bien, plutôt que d'entendre ça, je préfère me retirer ! Salut !

Il va dans sa chambre.

GILDA - Oh là là ! Quel caractère ! Tu te rends compte si j'étais tombée amoureuse d'un type comme ça ?

DOMINIQUE - Et tu ne l'es pas ?

GILDA - Ben si… Justement… Ça aussi tu l'as deviné !

DOMINIQUE - Mais oui ! Quand on fait ce que tu fais, on ne perd pas son temps au réveil à s'occuper de la vie amoureuse de son client ! On prend l'oseille et on se tire…

97

GILDA - Tu as raison… C'est incroyable… Je ne pensais pas que ça pouvait encore m'arriver !

DOMINIQUE - Et ça t'a pris quand ? Cette nuit ?

GILDA - Non… Hier soir… Dès que je l'ai aperçu… Le vrai coup de foudre ! Va donc expliquer ça ! Je ne voulais pas le faire payer, mais il me propose deux mille cinq cents euros… La moitié de ce qu'il avait gagné… Alors le métier a repris le dessus… Je ne pouvais quand même pas laisser passer ça ! Et pour finir, cette nuit, j'ai pris mon pied avec lui… Ça ne m'était pas arrivé depuis deux ans !

ALAIN *(jaillissant de sa chambre)* **-** Mais c'est ça qu'il fallait dire aux autres !!! C'est ça !!! Pas que tu t'étais forcée ! De quoi j'avais l'air, moi, hein ? De quoi j'avais l'air ? *(Il réfléchit.)* C'est vrai ?

GILDA - Quoi ?

ALAIN - Le coup de foudre… C'est vrai ?

GILDA *(furieuse)* **-** Oui ! C'est vrai ! Tu es content ? Tu vas pouvoir aller t'en vanter partout !

ALAIN - M'en vanter ? Certainement pas ! Tu te rends compte de ce qui m'arrive ? Tomber amoureux d'une fille qui fait ce que tu fais…

DOMINIQUE - Ah ! quand même, tu reconnais !

ALAIN - Mais oui ! Je reconnais… Le vrai coup de foudre… C'est l'horreur !

GILDA - Et pour moi, c'est pas l'horreur ? Tout l'argent que je vais perdre pendant trois mois…

DOMINIQUE - Pourquoi trois mois ?

GILDA - Parce que, monsieur, c'est trois mois qu'il tient le coup avec les dames, et après salut ! À la rue !

DOMINIQUE - Je crois qu'avec toi, il va tenir plus longtemps que ça !

GILDA - Et alors? Admettons que ça dure dix ans… Qu'est-ce que je vais devenir dans dix ans? Je serai trop vieille, il faudra que je baisse mes prix… Pas question!

DOMINIQUE - Il faudrait que tu apprennes un bon métier…

GILDA - Retourner à l'école à mon âge?

DOMINIQUE - Tu ne retournes pas à l'école… Tu entres directement en apprentissage… Chez un bon patron… Hein, Alain? C'est possible ça?

ALAIN - Ah oui! Si elle en trouve un…

DOMINIQUE - Un comme toi!

ALAIN - Comme moi?

DOMINIQUE - Mais oui! Tu te plains tout le temps d'avoir trop de travail et que, si tu pouvais trouver une bonne assistante…

ALAIN - Moi?

DOMINIQUE - Mais oui, toi! Tu ne te souviens plus que tu cherches une bonne assistante?

ALAIN - Ah oui! Mais oui! C'est vrai… Ah ça! Si je pouvais en trouver une, je serais bien content…

DOMINIQUE - Eh bien, voilà! Tu as trouvé Gilda! Ça te va?

ALAIN - Oui, mais…

DOMINIQUE - Mais quoi?

ALAIN - La photo, c'est un art… Il faut vérifier si elle est douée pour ça… *(À Gilda.)* Tu comprends?

GILDA - Eh bien, tu n'as qu'à développer toutes celles que j'ai faites de toi cette nuit… On verra tout de suite si je suis douée ou pas…

DOMINIQUE - Ah bon! Tu as…

ALAIN - Oui… Bon… Ça va… Pas la peine de vérifier. Je l'engage.

DOMINIQUE - Ah! bravo! Alain, on va fêter ça... *(Son portable sonne.)* C'est Richard...

GILDA - À lui aussi, tu lui as raconté que tu étais mariée?

DOMINIQUE - Eh oui! On ne sait jamais! *(Elle décroche.)* Allô! Richard? (...) Où es-tu? (...) En bas de chez moi? (...) Tu n'as pas bougé depuis que tu m'as déposée? Ah non! C'est trop bête! Tu peux monter, Richard... (...) Mais non, mon mari n'est pas là! (...) Mais non, il ne viendra pas! (...) Parce qu'il n'existe pas! (...) Je n'en ai pas! Je n'ai qu'un frère... Il est là... Et c'est lui que je fais passer pour mon mari comme lui me fait passer pour sa femme... Mais comme il vient de rencontrer la femme qui va certainement devenir ma belle-sœur et que moi, je crois avoir trouvé en toi l'homme qui va devenir son beau-frère, on va arrêter tout ça... Tu me suis? *(À Gilda et Alain.)* Il n'a pas l'air...

GILDA - Il est con ou quoi? Passe-le-moi...

DOMINIQUE - Je te passe Gilda...

GILDA *(prenant le téléphone)* **-** Non, pas Gilda... Sylvie... (...) Pourquoi? Parce que Gilda c'est fini... (...) Tu ne comprends rien? Ça ne m'étonne pas... (...) Ne bouge pas, Dominique va venir te chercher, elle t'expliquera... *(Elle raccroche. À Dominique.)* Fonce, il a l'air affolé... Faudrait pas que tu le perdes celui-là!

DOMINIQUE *(sortant en courant)* **-** Richard! Attends-moi! Ne te sauve pas! Je t'aime, Richard! Mon amour!

ALAIN - C'est vrai? Gilda, c'est fini?

GILDA - Oui... Maintenant, tu peux m'appeler Sylvie... Rien que Sylvie...

ALAIN - Mais, moi, je n'ai plus envie d'entendre ce prénom... Je préfère Gilda...

GILDA - Mais c'était le prénom pour mes clients...

ALAIN - Tu as bien dit « c'était »?

Gilda - Oui… C'était…

Alain - Donc, ça ne l'es plus…

Gilda - Non… Grâce à toi…

Alain - Alors garde « Gilda » pour un seul client…

Gilda - Un seul client ?

Alain - Oui… Ce sera moi… Ton seul, ton unique client… Tant que tu le voudras…

Gilda - Tu es sûr de toi ?

Alain - Oh oui ! Et toi ?

Gilda - Moi aussi !

Alain - C'est trop beau ! Si on allait fêter ça ?

Gilda - Oh oui ! Où tu veux !

Alain - Non ! Où tu veux toi !

Gilda - Au casino !

Alain - Ah non ! Fini les huîtres !

Gilda - Pas pour les huîtres… Pour le croupier…

Alain - Le croupier ?

Gilda - Oui… Je t'ai aperçu au moment où il disait « rien ne va plus »…

Alain - Et alors ?

Gilda - Alors je veux lui montrer que maintenant, tout va bien…

MUSIQUE
NOIR

AVIS IMPORTANT

Cette pièce de théâtre fait partie du répertoire de la Société des Auteurs et Compositeurs Dramatiques, 11 bis rue Ballu 75442 PARIS Cedex 09. Tél. : 01 40 23 44 44. Elle ne peut donc être jouée sans l'autorisation de cette société.

Nous conseillons d'en faire la demande avant de commencer les répétitions.

Imprimé à la demande par Books On Demand GmbH, Bad Hersfeld, Allemagne

Première édition, dépôt légal : septembre 2006
N° d'édition : 200637
ISBN : 2-84422-526-8